ひとりひとりに刻まれた時代を追いかけて

全新増訂版

人人身上都是一個時代

陳柔縉　著

人人身上都是一個時代

ひとりひとりに刻まれた時代を追いかけて

第一部 人的日本時代

第二部 愛與死事件簿

第三部 古典罪與罰

第四部 療癒系台灣史

第五部　地的時光垂直線

自序　日本時代的世相人情

陳柔縉

十幾年來，探索日本時代，追問那個異族統治的時空，人民在生活上看到什麼、做了什麼、體驗了什麼，一直是我寫作的核心。之前出版《台灣西方文明初體驗》、《囍事台灣》和《廣告表示》，屬於同一系列，主要都以「物」著手，了解與感受台灣人接觸西洋文明與現代化商品的興奮與哀愁。

《舊日時光》與這本《人人身上都是一個時代》，不追洋物，主題非關西方文明，而是觀看與感覺那個時空下，「人」與「事」、「地」交會，所展現具有時代風的世相人情；許多還深藏、綿延到當代。

現代年輕人愛看網路正妹，以前的少年家愛瞄電梯小姐。那個時候的可憐情人，最常去的殉情「名所」是台南運河。英俊瀟灑的台灣最貴單身漢，卻遲遲不結婚。一九三〇年，大稻埕的台灣女性在一次問卷調查說出了她們心目中最偉大的人和最高興、最害怕的事，答案竟然有蔣介石。戰前台灣有好幾萬中國人，每到雙十節，他們會掛國旗、坐車遊街慶祝。這本書就用超過五十篇的文章，多面向的事件與世態，來趨近探求台灣前人的心靈與社會。

這些題目當然無法描述完盡日治社會民情人心，不過，從邏輯來說，也沒有任何一本書可以滴水不漏，收納所有的歷史事實。這些題目出線，跟時下新聞給我的刺激有關。有時，我讀到不盡周延的說法，例如，媒體把王永慶年輕時用「兩百元」開米店，形容成貧苦，我忍不住要辨證一下當時的「兩百圓」其實不小。

有時是某個當前的社會話題，誘引我去探索同一話題的日本時代版，例如，讀到日本古老的鐵道便當店歇業，自然就反問，日本時代台灣的鐵路便當長什麼樣子？有排骨嗎？而大陸遊客湧入日月潭，我就去翻報紙，找出一九二七年那一場讓日月潭首次登上台灣八景的票選活動；那一次，台灣民眾撒出三億多張熱情選票，愛鄉愛土的心教人讚嘆。

日本時代的民眾生活，雖不一定波瀾壯闊，卻是面目豐富且感情滿杯。我探索的路徑是大量採擷報紙新聞，因為那裡才有如小說、電影般的生動描述，有人影、時間、地點與聲音、動作、感情。舉例來說，追蹤到台灣人最早參與的那場全島性馬拉松，我的做法是運用新聞報導，盡最大可能重建現場，帶引讀者重返比賽當時的情境。

「有一群日本小學生揮著紅旗，上寫白色英文字『HS』，為他們的老師加油。西門町那邊的兩個藝妓卻沒頭沒腦鑽進現在的衡陽路和中華路交口的審判席，被警察喝住：『非工作人員不准進來！』沒想到藝妓卻嬌聲嬌氣說：『大人，可以啦！』害警察一時間反應不及，只能苦笑……」

同樣要描寫那一場馬拉松大賽，什麼人得到什麼成績和勝敗結果可能才是一般運動史專書的重點。然而對我來說，讀沒有人聲和場景的歷史，彷彿掉進四面白牆的太空艙，抓不到方向和重量，無從了解與感受。

我想，情境和故事才是歷史趣味的核心。人發出的言語、穿著的服裝、物體出現的動作，甚至天空晴或雨，才能建立情境，所以，種種細節最是要緊。在這本書中，我有許多挖掘，深到細節，一方面希望讓歷史情境更立體，可閱讀性升高，另一方面，時代的特徵從細微處看，更有味道，所以，也希望對大家更細膩了解那個年代有幫助，也讓電影、小說、漫畫、動畫、舞台戲、電視連續劇，能有更精準的憑藉。

我也衷心期待，這本書的話題廣度足夠做為一個時代的布景，描寫手法也足夠引起大家對那個時代的注視與興趣，然後動心想去追尋個人的、家族的、家鄉的日本時代。

書中〈人人身上都是一個時代〉那一篇文章在報紙登出後，北一女有國文老師以此文為引，當作文題目，希望學生也描繪代表自己家族歷史的事物。老師還在提示上寫著，「張愛玲說：『凡人比英雄更能代表這時代的總量。』」謹此再借，獻給各位讀者朋友。

或許是我對大歷史中的英雄人物興味索然，非主流、平凡人的生活點滴反覺星光閃動，這本書有了不同以往的切入角度，帶出一種新風格的日治史書寫，二〇〇九年冬天出版後，隨即得到意料外的鼓舞，獲頒金鼎獎。之後有中國簡體版刊行，兩年前，再拜年輕翻譯家天野健太郎譯介之賜，日文版得與讀者相見，並於今年夏天，獲得日本國家基本問題研究所頒給「日本研究奬勵賞」。如果把自己的諸多著作譬擬成孩子的話，我不得不欣嘆，這個孩子特別幸運，他飛得特別高遠。

七年過後的今天，我再將這本書重整擴大，希望更臻豐富、深刻。原版的三十三篇，捨棄五篇，加入這兩年新寫的二十三篇，把已絕版的《囍事台灣》中的兩篇移過來，合共五十三篇，並附錄了將近一萬六千字的日本時代逐年不同的各種價格。

新增的篇章中，我特別喜歡日本時代動、植物的故事，譬如為了讓皇太子站在圓山明治橋上欣賞河邊養鴨風情，千萬鴨軍事前還慎重彩排；

動物園為一對虎情侶辦命名徵選，快一年後才發現陰陽顛倒，那隻叫「猛雄」的公老虎竟是母老虎；日本時代，不是端午，也大划龍舟；以前登陽明山，不追櫻花，桃花才是主角；三〇年代已有愛林素養，一群男士曾跑去為台北市路邊的大樹設置名牌。這些文章，寫時開心，重讀還會噴笑，因此有一大章取名「療癒系台灣史」。一方面也以此紀念我的寵物豚鼠（也稱荷蘭豬）；六歲多的「小比」今年春天永眠，不停的淚更讓我了解動物與人之間的情感可以如此深切。

回顧來時路，最初的一篇文章與最後的一篇文章，完成時間相距超過十年。長長的時間裡，要感謝好多朋友。

像我這樣的專欄作者，跟磨好的糯米漿一樣，不有編輯拿大石頭來壓，水分擠不出來，可用的糯米糰做不成，湯圓也將遙遙無期。感謝《聯合文學》的主編鄭順聰、《聯合報》專欄組的郭乃日、《蘋果日報》的主筆室主編蔡碧月、《台北畫刊》的副總編輯王宜燕與編輯林瑋庭、司徒懿，他們為我設定交稿時程，嚴禁找藉口，文章才一篇一篇順利出產，非常感謝。

另要感謝平澤千映子小姐協助閱讀日文資料。早晨，總是她一杯咖啡，我一杯桔茶，一同飛返舊時光，在老故事裡一起笑開懷。

對梁旅珠同學則謝中有歉。她曾為本書模畫了二十幾幅新聞照片，筆觸溫厚，增加了我想傳達的人情溫度。增修版範圍擴大，全書統一使用照片，不得不割捨，非常遺憾。所幸，當年為了精確模畫，我們常在網路兩端一起細究許多照片，只為確定衣服上有幾個鈕扣之類的細節，也一起讀專書，以確定戰前西方仕女的鞋樣和帽式，種種學習與發現的快樂記憶不會減滅。

忽然我已經年過五十，回望才知自己擁有一個可用書來丈量的人生，也驚覺原來一輩子只能寫幾本書而已。少少的幾本書，《人人身上都是一個時代》前後兩版的主編李濰美與林如峰，都參與不只一二，緣分殊深，感謝她們的相知，與我一起攜手走過。

也感謝平原綾香。她不是我的朋友，不過，七年前，一整年，每一次寫稿，一定邊聽她的《Jupiter》專輯。

每一天
我傾聽自己的心
知道自己不是孤單一人
在內心深處

我們緊緊相連
閃耀的星星
越過無垠的時間
指引我們相遇的奇蹟
每一天
我傾聽自己的心
知道自己不是孤單一人
而是被宇宙的胸懷所擁抱……

想起在現世相親的家人朋友，想起歷史上意外相逢的微小前人，平原綾香的歌聲，更讓我感覺幸福欲淚……謝謝。

第一部

人的日本時代

人人身上都是一個時代

二〇〇八年冬天，我在一個民間學苑上課，講日本時代的衣食住行，八十歲白髮學員不少，那是他們親身存在的時空，所以，也是去採訪。

一天上課前，一位女學員很禮貌來致歉。我請他們寫一個自己與日本時代相關的故事，她說她在戰爭結束前兩個月出生，沒有故事，另一方面也忙，還沒能回家鄉問老母親有什麼值得說的記憶。

我第一個反應，笑稱，「哦！你也當過日本人！有日本名字嗎？」然後，聊著聊著，一個令人動容的故事跑出來。

她說，戰時美軍飛機來轟炸，有一天，飛機又到村子頭上，全家急成一團要逃，阿公叫母親快跑，「查某仔不要緊啦！」不要管躺在床上的小女嬰。阿公重男輕女，但母親捨不得，還是趕緊抱起，躲到屋外的防空壕。後來發現，空襲過去，房內的床留有彈痕。她笑著說：「要不是媽媽，我早就沒命了！」

不是沒有故事，只待發現。

我也想到自己家裡的戰爭記憶。

我們住的鄉鎮挨在濁水溪南不遠，阿公約有三甲地，一甲的溪埔地租給佃農。「日人尾」（台灣人稱日本時代最後幾年），美軍轟炸機B29動不動就來空襲，農人在田間無法安心耕種，佃農「做無」（沒有收成），索性把地還回來。一下子，鐵線草長得奇高，阿公借了親戚的牛去翻土，爸爸跟在牛後面用腳把草踩進土裡。阿公又跟阿衡仔叔公討了短短的番薯藤苗。叔公不保證種得起來，但當時農田荒蕪，作物缺乏，能得點小苗，阿公已非常感謝。結果，鐵線草埋進土裡，成了最好的有機肥料，半年後，番薯個個肥大；爸爸跟我說這個故事時，用雙掌合捧來形容。

戰爭的最後一、兩年，台灣各方面更形殘破，一切物資都少，米和豬肉要配給，對農家這兩項監控得厲害，對番薯卻放任自由。於是，阿公每一天去田裡挖番薯，每天載一牛車回來，約莫一千台斤，倒在家後巷子。鄉人聞風而來，一天就賣得一千圓。一千圓是非常大的錢，小學老師一個月才領四、五十圓。爸爸說，「賣到心會燒」。

阿公先前在公學校後方買了一塊地，因貸款欠日本勸業銀行台南支店（今土銀台南分行）三千多圓，十幾年還不完，利息壓力愈來愈重，沒想到賣幾天番薯，就還清了。這塊地後來分給爸爸這一房，也是我們兄弟姐妹五人能繳出學費、安然成年的後盾。雖然，那塊地不得不賣掉，但故事永遠留下來了。

我總鼓吹朋友，回家去問阿公阿嬤爸爸媽媽，去幫他們做口述回憶。由於日本時代記憶曾經長期無心被撫觸，此時再去挖掘，相信更會有許多意外，驚聞許多從來不知道的家族舊事，激盪難歇。

一位好朋友真去和她爸爸聊了，就大呼驚奇，長到四十幾歲，她從不知道祖父留過學，念過東京的「目白中學校」，終於才知道為什麼家裡有坐在雪地的泛黃照片、為什麼有刻著「目白」的網球優勝紀念牌。

時代不專屬於誰，人人身上都是一個時代。記憶不能只靠幾座古蹟和英雄書上的幾個人，故事不計大小，都值得流傳。誰又能預料哪個故事會在哪個心靈發光與發熱呢？

舊相片中，人人那麼安靜面對鏡頭，然而，如果趨前細問，每個人一定都有說不完的故事；台灣的歷史不就是該如此綴織而成嗎？此圖攝於一九二〇年前後，是苗栗頭份一個溫姓客家家族的合照。左側門上有紅聯，以「從」字為中心，直寫「山從古」，橫寫「水從深」，趣味無窮。

跑啊！林和

當全台灣為林義傑的極地馬拉松成就喝采時，我暗自為「林和」著急起來。

林和之名不見經傳，九十幾年前只是一個受雇於臺灣銀行的人力車夫。當年台北街頭剛有汽車沒多久，全台灣不超過三十部，有身分地位的商賈官紳往來，普遍乘坐人力車。現代人常把人力車誤為三輪車，其實人力車只有後方兩輪，完全由車夫雙手握住腰前橫桿，以雙腿為動力前輪。

一九一六年四月二十三日，臺灣日日新報社舉辦「空前壯舉」的「マラソン」（讀音近「馬拉松」，即馬拉松）全島大賽。台灣民眾當時普遍對運動陌生，不知賽跑為何事，三十六歲的林和可能因在官方的臺灣銀行工作，又是以強壯腳力謀生的車夫，才會被日本職員勸進，報名參加馬拉松賽，和其他十六位台籍選手一起拉開台灣人參加大型馬拉松的歷史序幕。

現代馬拉松於一八九六年成為國際奧運會的項目，逐漸傳向各地，抵達台灣已經一九一〇年代。之前台灣雖有各種團體辦各種賽跑，但沒有

人力車只有後方兩輪，完全由車夫雙手握住腰前橫桿，以雙腿為動力前輪。

大規模的「マラソン」。到一九一六年一月，現在台北重慶南路日籍商家組織的「府前會」有一場名為「マラソン」的比賽，分大人和兒童組。大人組的路線，因為當時靠左行走，所以跑過現在的總統府前，便左轉愛國西路，再左轉中山南路，最後往北直到圓山飯店（時為臺灣神社）。看不出有台灣人與賽的蹤跡，不過，林和工作的臺灣銀行就在路線上，或許目睹了這一場寒冬裡的馬拉松。

三個月後，史上第一場騷動全島的馬拉松賽隆重熱鬧登場了。路線拉長到十二公里左右，跑「三線道路」三圈。三線道路就是今天的忠孝西路、中華路、愛國西路和中山南路圍起來的四方形馬路，都是有綠地綠樹相隔的林蔭大道。當時說起「三線路」，跟咖啡店一樣，是摩登之地，只不過，三線路當時鋪小砂石，不像今天是黑亮平整的柏油路面。

馬拉松比賽路線選擇當時最好的馬路，分組卻有點蹊蹺；不分什麼性別或年齡，而是分人種，日本人一組，台灣人一組。政商界寄贈許多獎品，竟有指定給日本組，堀井商會送的銀盃就是其一。穿越時空，往那一只銀盃望去，折射的光竟能刺痛人心。不過，林和大概想不到那些殖民地的幽怨，報名後，他就開始練習。沒有結伴，也沒有什麼教練指導，他一個人利用夜晚風涼的時刻，練習了三天。平時會沾一點的酒，暫停了，改吃一

上——選手齊集於今天的監察院門前，準備起跑。

下——一九一六年當時，臺北廳（今監察院）前有圓環，圓環中心的銅像人物身高六尺，於是，馬拉松賽就有比身高的餘興比賽，最後由苗栗來的沈賜記勝出。

點高麗人蔘。

日本人這邊，賽前拚命練習，報紙報導得也很拚命。選手被狗亂追亂吠，是練跑最困擾的事。報紙還說，握「北部運動界の霸權」的鐵道部有十五人參加，淡水稅關團很打拚，冒雨練跑。報社並設有獎徵答，讓民眾預測台灣人和日本人的第一名成績分別是幾分幾秒。結果，六成猜想日本人會跑快一、兩分鐘，其他四成才看好台灣人。

四月第四個日曜日（星期天）終於來了，二十三日比賽這一天，一掃

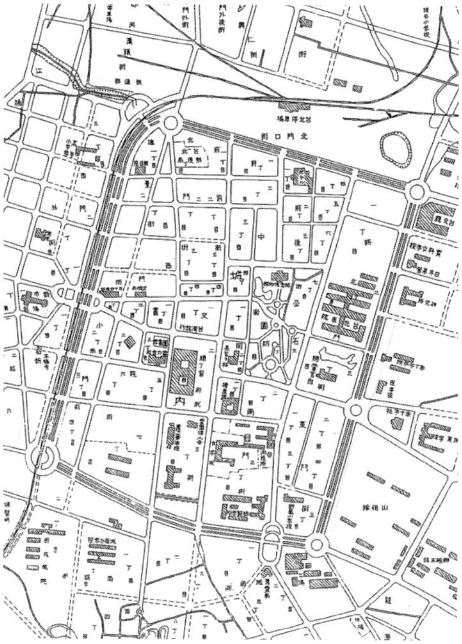

一九二〇年的台北市地圖中，雙線圍起來的方型即三線道路。馬拉松賽的起點在右上角的臺北廳，然後往鐵道部那邊的北門跑，再穿過西門和南門，路跑方向呈逆時鐘。

一九一六年的馬拉松賽，選手胸前都揹有號碼布。

月初的綿雨，爆出攝氏三十二度的高溫，卻仍然吸引數千民眾圍觀。全台沒幾部汽車，所以沒聽說有像現在的交通管制。跑道沿邊有報社插的幾百面紅色旗幟。各路「應援團」（啦啦隊）也來助陣，台中的帝國製糖會社就組了六十幾個人的龐大啦啦隊，連夜揮師北上，為一位姓津村的選手壯聲勢。一群日本小學生揮著紅旗，上寫白色英文字「ＨＳ」，為他們城南小學校的老師加油。警察也出動，守衛審判席帳篷，不讓閒雜人等擾亂；西門町那邊的兩個藝妓卻沒頭沒腦鑽進現在的衡陽路和中華路交口的審判席，被警察喝住：「非工作人員不準進來！」沒想到藝妓卻嬌聲嬌氣說：「大人，可以啦！」害警察一時間反應不及，只能苦笑。

早上七點，沖天的四發煙火點燃比賽的緊張氣氛。八點，一堆選手已經擠滿臺北廳前，也就是今天中山南路和忠孝東路口的監察院前面。他們胸前貼著、掛著或縫著邊長都二十四公分的菱形白底黑字號碼布。算一算，日本選手有一百來個，台灣則少少十七人。

台灣人這一組先上場，八點五十四分，槍聲一響，林和與埔里來的原住民周金九、台北的學生潘愛汝、安坑公學校老師胡李成、做生意的林榮朝和台北的農夫黃金水等十幾個人往火車站的方向衝出去了。在他們前面，有一部腳踏車前導，背後另有汽車跟著。胸前號碼布寫著「11」的林和一馬當先，很快把其他人甩開。林和第一圈跑過東門（今景福門）時，出發點這邊的樂隊看見他，就開始大奏進行曲，群眾也拍手喊加油。如此三圈後，林和衝過終點線，成績是五十一分四十一秒。

十點三十六分，換日本組上場。跑最快的藤岡計吉也是人力車夫，在臺北醫院（今台大醫院常德路舊館）供職，卻比林和慢一分半多，跑出五十三分十八秒。賽後，他與林和同獲總督府第二號大官民政長官和夫人獎贈的花環，又一起搭上汽車，風風光光繞行三線道路一圈。不過，這位二十八歲的藤岡先生心底卻不怎麼服氣，事後跟記者抱怨說，他賽前禁酒色，以蛋補充營養，練習過三次，每次跑完三圈只需四十分，正式比賽失常，都怪有認識的人給他加油，他必須「與之答禮」，才會輸給林和。

這一場馬拉松除林和為台灣人爭了一口氣，台灣人在賽外賽也贏了日本人。馬拉松賽出發的地方，也就是現在中山南路和忠孝東路口，有一座「大島久滿次」的銅像。大島堂堂六尺，所以主辦單位想出一個餘興節目，讓民眾來比身高。結果，三十七歲的沈賜記勝出。

沈賜記跟林和不同，他是地方要人，時任後壠區長（相當現在的苗栗後龍鎮長），他的兒子沈珮錄戰後擔任過苗栗縣議長，他的孫女則嫁給前國民黨主席吳伯雄的二哥。

沈賜記原本到台北辦事，預定前一晚就回後壠，卻被兩個日本商店的人勸留下來比身高，最後以一百八十六公分多擊敗群雄，比日本人居冠的一百八十公分高出許多。

回頭看這一場馬拉松大賽，我心底湧現一個夢境；在不久的將來，某個四月的第四個星期天，台北可以封住三線道幾個小時，辦一場復古馬拉松賽，大家也逆時鐘方向跑，就以「林和盃」為名，跨越時空，再次為林和加油、為一個小人物加油、為台灣人加油。

王永慶的兩百圓有多大

王永慶事業輝煌，是台灣人的一代傳奇。關於他的故事，莫不從「赤貧」講起，都說是父親給了他兩百元，讓他在嘉義開一家小小米店，才有日後的台塑王國。

讀報章雜誌，如果眼睛不在「兩百元」稍做停留，一滑過去，那個兩百元真的很少，買兩個便當，剩下來大概也沒幾個銅板了。但是，如果再仔細多想幾秒，一九一七年出生的王永慶，十六歲自立開米店，那個「兩百元」必須倒飛七十幾年，回去當一九三三年的「兩百圓」。當時，除了不記做「元」，而寫成「圓」之外，「兩百圓」也不是兩個便當可以計量。

一九三三年的兩百圓有多大？王永慶出生的那一年，公學校老師的月薪十七圓；一九四五年，日本統治台灣的最後一年，小學女老師月薪才漲到五十圓。其間的二〇年代，一個南投竹山的警察的月俸為十八圓；三〇年代，巴士的車掌是時髦的女性工作，台籍的車掌小姐可以拿十五圓。台灣前輩作家葉石濤比王永慶小八歲，他曾說，那個年代，一個月二十圓，

日本時代，中型以上商店的職員裡，總有一個稚氣的臉孔，公學校剛畢業沒多久，在店內當打雜小弟，日文稱「小僧」或「小使」，福佬話叫「囝仔工」。

「全家即可溫飽」，一個月如有十幾圓，「就很好過了」。所以，王永慶開店的兩百圓資本，大約是一般職業十幾個月的薪水，不算太少，似乎不能以「家貧如洗」來形容。

事實上，王永慶反倒說過，父親是新店直潭山上的茶商，「我家裡還算是小康，所以能夠到布行去剪布回來作衣服穿」。戰前台灣的貧富差距頗大，有錢的大地主坐收田租，可以有錢到環遊世界半年一年，但這種人屬於極少數。窮苦勤儉者居多。少年王永慶本來以為家鄉最窮，出外謀生，目睹漁民生活，「才知道窮苦是多麼普遍」。

戰後初期崛起的企業家有一些共同特徵，像聲寶的陳茂榜、國際牌的洪建全、高雄東南水泥的陳江章、新光的吳火獅、國泰的蔡萬春、台南幫的吳修齊和吳尊賢兄弟，他們和王永慶年紀差距在五歲之內，都只受小學教育，但在當時，已算有「相當學歷」，競爭力猶勝今天的大學文憑。陳茂榜、洪建全、陳江章和吳火獅公學校畢業，分別進入日本人的商店當學徒，因而戰後都有生意和語言能力與日本商社往來，並常閱讀日文書報，吸收新資訊。

一九三〇年代，這些企業家正值十五、六歲，還是鄉下的孩子，卻各個像小大人，立志出鄉關，到都市打拚。蔡萬春十六歲揮別竹南老家，準一九三九年，宜蘭頭圍信用組合（一種地方私營的金融機關，即戰後的信用合作社）出版創立二十週年紀念冊，裡頭的員工合照，後排中有個平頭少年，就是所謂的「囝仔工」。**（下圖）**一般職員坐著辦事，囝仔工是站著，隨時準備要跑進跑出。**（右圖）**

備北上時，賣菜的父親給他一圓，加上自己存的一圓九角，總共不到三圓。陳江章十五歲離開家鄉澎湖，到高雄的營建商「湯川組」當學徒時，身上只帶著四圓。吳火獅從新竹到台北，進入永樂町（迪化街區）日本人的布匹進口批發商店，一個月才領三塊錢。陳茂榜則是公學校畢業後，先進日本人在榮町（衡陽路）的書店「文明堂」，店內有售蓄音器（放唱片的留聲機），學得相關知識，加上省吃儉用八、九年，存了一百圓，才於一九三六年創業，在台北市本町（重慶南路）開「東正堂」電器行。相較之下，王永慶從父親那裡得到的兩百圓，少去好幾年的血汗。

勤奮是那一代企業家最鮮明的標誌，不論是兩百圓起步，或是四圓渡海，都值得永遠傳誦與學習。只是，兩百圓被拿來當寒微的佐證，顯然是戰前日本時代的歷史不傳，民間記憶不相連續，才會被如此想當然耳。

一九四〇年前後，當今天的二十歲，還是校園裡的大三學生，二十歲的吳火獅已經在台北和宜蘭之間坐民航飛機談生意了。如果感覺不可思議，那真的應該再多了解一點台灣的歷史。

台籍前輩企業家出生年與學歷

出生年	姓名	學歷	企業
1896	何傳	無	永豐金集團
1903	何義	安平公學校	永豐金集團
1904	唐傳宗	州立臺北工業學校	唐榮鋼鐵
1904	謝成源	臺北商業學校	台鳳
1907	廖欽福	臺灣商工學校	福華大飯店
1908	莊福	臺北商業學校	六福集團
1908	許金德	臺北師範學校	南港輪胎、國賓飯店
1911	謝敬忠	臺南師範學校	功學社
1912	黃烈火	員林公學校	味全
1913	吳修齊	臺南中洲公學校	台南紡織、統一企業
1913	洪建全	臺北州漳和公學校（今中和國小）	台灣松下、國際牌家電
1914	陳茂榜	小學畢業	聲寶、新力公司
1914	張添根	臺中一中	國產汽車
1916	蔡萬春	竹南公學校	國泰集團
1916	林玉嘉	高雄商業學校	台玻集團
1917	王永慶	新店公學校	台塑集團
1917	辜振甫	臺北帝國大學	台泥和信集團
1919	林挺生	臺北帝國大學	大同集團
1919	吳火獅	新竹第一公學校	新光集團
1920	陳江章	澎湖馬公第二公學校畢業，到高雄工作後，再入公立高雄商工專修學校夜間部專修部珠算顆、商業科畢業	東南水泥
1922	高騰蛟	臺灣商工學校	義美食品
1927	徐風和	上海聖約翰大學	厚生橡膠
1927	張榮發	基隆壽公學校（後一邊工作，一邊到臺北高商附設商業實踐講習所學習）	長榮海運
1929	蔡萬才	臺大法律系	富邦集團
1933	辜濂松	美國紐約大學碩士	中信集團

辜家豪門鑽石失竊記

鑽石璀璨奪目，價格昂貴，如珠寶界的皇后，貪盜與之糾纏，勢屬必然。當今以鑽石為貪瀆或洗錢工具的情事，日本時代還沒聽說過，不過，鑽石已開始成為小偷揹包裡的贓物。

十九世紀南非礦場被發現並大量開採後，鑽石開始從皇族專屬品下凡到平民社會。二十世紀前期的台灣，談不上有鑽石熱，但全球到處有開採熱，地球表面的小角落，總有人努力要從地底下找出煤、金和鑽石等等賣錢的東西。一九一八年，有個姓岸田的日本人就在阿里山區發現鑽石礦，驚動到總督府也不禁派技師入山一探究竟。

之後，沒聽說傳出好消息，岸田應是一無所獲。台灣沒有鑽石礦，但民間社會已經一閃一閃，看得見鑽石光芒。

日本時代，最有爆點的鑽石新聞是辜家豪門驚傳被盜。一九二一年七月二十五日，台灣重要官商聚集在大稻埕一家戲館開惜別會，歡送總督府第二大的官員卸任。中信集團辜濂松的祖父辜顯榮也在席間。突然，一封

辜顯榮（前右）在日本時代既富且貴，是第一個獲任日本貴族院議員的台灣人。圖中後排左者為其左右手余逢時，曾任平溪庄長。

電報送來，一看，拍自鹿港家裡。事非小可，家藏的鑽石、珍珠和金子，價值兩萬多圓，不翼而飛了。當時兩萬多圓的價值感，大約等同現在的四、五千萬元。於是，辜顯榮隔天一早趕緊殺回鹿港，搭乘當時最快的交通工具——火車。

很快，珠寶空箱在相隔七、八戶之外尋獲，小偷卻遲遲沒抓到，八卦耳語立即補位搶進。市街謠傳辜顯榮的大女兒之前就偷偷給過男朋友六百圓，這次一定又是她讓男朋友巧扮外賊云云。當時不能自由戀愛，說有男朋友已屬嚴重汙辱，何況還被懷疑協助偷竊，辜顯榮簡直氣炸了，怒斥說，辜家為舊式家庭，大女兒「未嘗一步」踏出閨門，而且品性方正，家裡貴重珠寶和現金都歸她掌管，如果真要偷，為什麼不選現金或好變現的金條，卻要偷難變現的鑽石珍珠呢！報紙最後幫忙嘆道，謠言就是這樣，有這些說法，卻查不出從何處來，正如台灣俗諺所指，胡說八道，不需要本錢。

事發一年多之後，有三個男人在基隆租房子，還藏一堆金銀珠寶，行跡可疑，警察帶去盤問一番，案子終於破了。小偷蕭梅林也是鹿港人，單獨作案，手法一點也不稀奇，從後門潛入而已，但因苦主是大戶人家，頓時膨脹成報紙上的「大賊」，最後被判刑三年。鑽石則早在台北銷贓，經

辜顯榮在台北（**上圖**）和家鄉鹿港（**下圖**）各有豪宅。對鹿港辜家漂亮的大房子，一般人可能只敢遠觀，但貪慾卻足以誘惑小偷，不畏後果，潛入豪宅的最深處，偷取貴夫人的鑽石珠寶。

轉鑲成戒指，變成池田太太的珠寶了。

一九三二年，摸進基隆大煤商顏家少爺豪宅的小賊就聰明多了。趁少爺顏德修全家吃午飯時，閃進臥室偷走九百圓的現金和一百多圓的金子，價值兩千圓的鑽石戒指兩枚和白金手鐲反而丟在隔壁的日式房間。不碰難變現的鑽石，內行小偷果然逃之夭夭，逍遙法外。

日本時代，鑽石很少見，像基隆顏家這種富商，才會有給媳婦訂婚鑽石耳環，或者像霧峰林家這種豪族，才會從香港買鑽石，為女兒出嫁壯行頭。一九三三年，高雄市北野町（今富野路一帶）八歲的陳姓小男孩，曾在戲院前撿到一只鑲鑽的白金戒指，媽媽收為己有，本來無事，但一去找人鑑定，馬上被警方獲悉，捉去問話。那個年代，普通人家擁有鑽石顯然是一件不尋常的事。

台灣最貴單身漢

台灣第一個留美學生叫李延禧，胡適一九一〇年剛進康乃爾大學農學院時，他已經準備從紐約大學商科學成歸返台北。不過，胡適十三歲奉命訂婚，二十六歲奉命結婚，李延禧卻是虛歲四十，同年齡的台灣男人陸續當阿公了，他還不急娶妻，而且，論家世、財富、人表，李延禧的條件堪稱全台第一，是日本時代的台灣最貴單身漢，何以不結婚，搞得台北人滿肚子問號。

一八九〇年代到一九二〇年之間的台北首富李春生正是李延禧的祖父。李春生賣茶致富，不動產散落台北各處，看李家後人現在手指著台北市地圖細數舊日風光，台北市彷彿他們家的一張地契而已。中山南路以前是台北城牆，隔著牆兩側，濟南路這邊，台大醫院那邊，曾經都是李春生的地。北美館到圓山站那邊，也有好大一片。西門町這裡那裡，現在還是李家所有。迪化街一帶更是家族基地，淡水河畔有過一棟西式豪宅，李春生就住那裡。一九一四年報紙曾有這樣的報導，台北城內的

明治學院於二〇一三年迎接創立一百五十年。校園內仍留著許多李延禧當年熟悉的洋風建築。

府直街（今開封街）鬧火災，延燒三十幾戶，其中有十七戶是李春生的。難怪後代在地圖上指南指北，講了很久，還一直講不完。

一八九六年，台灣第一任總督樺山資紀返國述職，順便邀請李春生同船赴日觀光考察，李春生也順便帶幾個孫子去東京念書，李延禧因而十三歲就成了總督軍艦上的小貴客。

李門一群孫輩，以李延禧讀書最成氣候，當所有十七、八歲台灣男孩子紛紛結婚生子，他的人生卻才剛起帆似的，他開始外遊留學，也開始成為報紙追蹤八卦的名人。

一九〇一年，當絕大多數台灣人還不知現代學校為何物的年代，李延禧返台暑休，記者就精心介紹他念的基督教會中學「明治學院」（今私立明治學院高等學校，位於東京白金台），由英國老師教英文、上課「有一定點鐘」、「分班授課」、成績優等者「有贈與珍物」。學校裡還設博物室，天上飛的，地下潛的，無所不有。

李延禧的向學精神也被記者添了一筆。本來李父提議，福建馬江機器局也有英語學校，不必捨近求遠去東京。李延禧立刻嚴肅告訴爸爸，閩地有小蘇州之稱，煙花爛漫，容易沉迷，何況，有心念書，哪裡還怕路途遙遠。當時的豪門貴公子大可拍拍屁股，隨時把書本丟開，回家享受現成的優裕。李延禧確實胸懷不同，在日本念完中學，又到更遠的美東，成為台灣留美第一人。

一九一一年，中國那邊，民國還沒開張，台灣這邊，明治也尚未結束，李延禧已學成歸來。船靠基隆，家裡派人去碼頭接，一用台語問他有幾個行李時，他的美國舌頭竟然一下子無法換頻，只好搬出手掌，數指頭給來人看。

這位去國多年的貴公子，氣息也換了。一九一六年的舊照片裡，三十三歲的李延禧一雙深眸，頭髮微卷，俊得像明星；打的「Ascot」領帶，比蝴蝶結還風雅；皮鞋尖頭又高跟，時髦到百年老照的沉黃也壓不住，真可謂台灣一代紳士。

不過，英俊少爺還有一點與人不同，父親幫他相親選太太，一而再，再而三，他都以不急為辭推阻，而且，一拖就到四十歲，李父都病故，他還是孤家寡人一個。報紙忍不住八卦說，李君的婚事「遂為家庭與社會之謎」。暗地裡，大家閒嗑牙，有人驚訝他竟是「無妻主義者」，有人料想他其實娶了白人，有人揣測他的太太是日本人。

二十世紀初，西方思潮衝擊東方讀書人的舊頭腦，像中國前總理周恩來，都曾抱不婚思想，不過，就像一位年近知命而「變節」的日本文人所說，無妻只可一時，不可終身。周恩來之後娶了革命同志鄧穎超，李延禧也半途棄守了。

新娘三好百合子幾乎可當他的女兒，才二十一歲，出身名門，日本前檢事總長（檢察總長）、大審院院長（最高法院院長）三好退藏是她的祖父。百合子的父親三好重彥留學歐美，曾在臺灣總督府外事課任職，和李延禧同喝過洋墨，自然結為知交。三好重彥眼見好友年屆不惑還不結婚，有一天主動表意要把女兒嫁給他，李延禧的獨身主義便被打破了。

一九二三年李延禧在日本結婚，隔年初春一攜眷回台，記者馬上又興沖沖跑去河邊李家豪宅一探究竟。在記者筆下，採訪那天的天空不叫灰色，而是「薄墨色」，毛毛雨也寫成「絹絲春雨」，如此詩意，似乎要用來搭配豪宅內的鋼琴、漂亮的花崗岩和新婚夫婦的喜悅。

李延禧對記者笑稱，返台搭的香港丸，在海上顛簸得厲害，不知什麼力量，他和太太竟然都沒有暈船，「不可思議！」百合子則是滿心感謝，她說，之前和母親從鎌倉家裡到三越百貨公司採購結婚用品，那一天剛好是一九二三年九月一日關東大地震來襲，她們一回到家裡，房子早已垮了，都是這個婚姻救了她。

兩年後，報紙又寫，百合子在台北醫院（今台大醫院）「產下一位宛圖為台灣人自辦的第一家銀行「新高銀行」開幕第一年元旦的紀念照。門口上方有新高銀行的看板，桌邊右側坐者第一人為李延禧，左邊第一人則是專業經理人「小倉文吉」。

如掌珠可愛男子」。除皇室貴族以外，報導名人生子，幾乎史無前例，可見李延禧受到關注的程度。

從報紙看，李延禧的婚姻幸福美滿，不過，從他的生命史看，婚姻開始時，事業已過去。

單身的那段日子，李延禧協助父親籌創「新高銀行」，事業巔峰一直推高。一九一五年十二月十八日下午兩點，台北的大商人齊聚火車站對面的鐵道旅館，算一算，九十八位。坐下來，一眼望去，鹿港豪門的辜顯榮最為魁梧，特別吸睛。但真正的主角還是李延禧的父親李景盛，他被推為「頭取」（總裁、董事長），台灣人自辦的第一家銀行「新高銀行」（The Nikata Bank Limited）就此誕生。

新高銀行主要客戶為各地台籍茶商，取代舊式錢莊，給與融資。創立資本額五十萬，換成今天的錢，大約十億上下。那時正逢歐洲陷入第一次世界大戰，景氣好，新高銀行也一路擴大資本，每次到鐵道旅館開股東會，都有好消息，一九一九年已增資到八百萬了。

李延禧最早擔任新高銀行的「常務取締役」（常董），跟著父親到汐止給當地商家說明貸放業務，又到高雄主持分行開幕，雖是次子，儼然李家第三代接班人。不過，局勢萬變，一九二三年中，父親去世，他接任新高

上

一九一〇年代，新高銀行職員在大稻埕合影。中央兩磚柱之間的前面三人，自右到左分別是李延禧、延禧之父李景盛、小倉文吉。

下

張我軍（左二）一九二〇年代初期在鼓浪嶼和新高銀行同事合照，坐前排右四的廈門支店長林木土即是把他帶到中國的人。

李延禧的母親陳款在台北上流圈非常活躍，曾和日本人一起在大稻埕開「愛育幼稚園」，擔任副園長。

銀行的頭取。此時的國際景氣衰頹，倒風吹起，許多日本的銀行被迫整併。在台灣，就有新高銀行和嘉義銀行併入臺灣商工銀行（今第一銀行前身）。板橋林家的林爾嘉因此虧損四十幾萬，李延禧更悽慘，幾乎破產，從此移居東京，其中不無幾分落寞隱避的味道。

新高銀行被消併，毀了台灣第一位留美學生李延禧，卻造就了台灣第一個寫白話新詩、第一個開罵台灣舊文學的作家張我軍。

張我軍本名張清榮，板橋公學校畢業後，到台北的鞋店當小學徒。一九一八年有一天，小學老師林木土到鞋店裡，兩人重逢，張我軍很快換到新高銀行當十六歲的小雇員。後來，林木土升任新高在廈門支店的支店長（分行經理），張我軍跟去廈門。若不是一九二三年新高被併，張我軍被迫離開廈門，前往上海和北京，他不會接觸白話文學，也不會對準家鄉的天空，射出炮打舊文學的第一彈。

一九二四年的張我軍火氣不小，連番寫文章痛罵台灣文學界，「還在打鼾酣睡」，幾十年來，「日本文學猛戰的砲聲，和這七、八年來中國文學界的戰士的呼吼」，台灣完全麻木。張我軍還稱那些埋頭吟詩作對的儒紳是「不良老年」、「蠢貨」，「只在糞堆裡滾來滾去」，他們的詩文沒有文學價值，八股文章只是「替先人保存臭味」。

真是孰可忍，孰不可忍，台灣這邊一堆詩社夫子馬上不甘示弱。有一位吳先生在日文報紙的漢文版罵道：「一郎一郎（按，張我軍的筆名）。喪心病狂。敗草欃。舊殿稱堂。滿篇呢嗎呢自道好文章。人觀話文為退化。汝視進步已反常。不然即是五官顛倒置。眼睛生在腦後或偏傍。」兩邊就這麼拿著小扁鑽戳來戳去，如此兩年，人稱「新舊文學論戰」。

新高銀行把張我軍從鞋店調往文學之路，也把李延禧移去東京，在東京的李延禧卻因而以其豐沛人脈，幫助了如潮湧去東京的台灣留學生，例如前輩畫家陳清汾即因李延禧引介，拜入名畫家有島生馬門下，並隨有島遊歷巴黎，才有畫作入選巴黎美展的成績。

李延禧後來的人生故事，如遠去的風，聲音漸小，知道的人也似乎絕跡。或許，要倒過頭來，從日本才能找回台灣第一個留美學生的最後身影。

巴黎唯一的台灣人

一九〇〇年，就有個台灣人，大老遠從台北前往法國，參加了二次大戰前人潮最多的巴黎萬國博覽會。這一年，中國的義和團正亂得朝廷驚恐萬分，且攻陷了北京。孫文等革命黨還在海外一籌莫展。而台灣已經落入日本的口袋，進入第六個年頭。水溝還在撒灰水防治鼠疫，但自來水、公用電話和幼稚園都有了。這個台灣老前輩名叫吳文秀，頭頂上還留著長辮子，應是台灣第一個參加世界博覽會的人。

吳文秀會有如此先進之舉，遠赴巴黎，其實跟日本政府參與世界博覽會有關。

十九世紀前半葉，西方各國在國內辦博覽會已經很稀鬆平常，但屬於國內工商機密，多嚴禁參觀。一八五一年，英國在倫敦海德公園的萬國博覽會（Great Exhibition of Industry All Nations）才開始歡迎各國一起把各自珍奇進步的工商技術和產品拿來互開眼界、互相觀摩、推銷和宣傳，成為公認最早的世界博覽會。此後五十年，英、法、美幾國輪番舉辦一九〇〇年巴黎萬國博覽會各國展館。

萬博，就像要在世界舞台競搶最佳男女主角一般。

一八六二年，日本有一支派赴歐洲的使節團，第一次在英國見識到所謂的萬國博覽會。五年後，巴黎的博覽會，日本就開始有珍品商物去參展了。一八六八年以後，明治維新的號角催促了日本人大舉到西方取經，科學、醫學、法律、藝術，無所不包。去一個大型展示會觀摩西方文明的進步事物，對日本來說，顯得了無疑慮、義無反顧。拿一九〇〇年的巴黎博覽會來說，從當年的台灣報紙看，總督府的參事官長石塚英藏跑了世界一圈，考察各國殖民政策，有一站即到巴黎看博覽會；總督府請來籌謀台灣糖業的農學博士新渡戶稻造（五千圓日鈔上的歷史人物），就任殖產課技師前，也是先轉去巴黎，看完博覽會再來台履新；總督府殖產課姓藤江的「技手」小官，則是奉命出差去看展。顯然，日本已對萬博非常熟悉，也熱中參與。

一九〇〇年的巴黎博覽會，參展的日本館，除了「金堂」，展示許多皇室寶物珍藏外，還有酒鋪、賣店和一家兩層樓的「喫茶店」，推銷日本茶。依一九〇一年二月一日《臺灣日日新報》所載，剛從巴黎返台的吳文秀受訪指出，日本政府補助兩萬五，總督府也補助兩萬五，茶商本身提撥五萬五，合共十萬五千圓，來籌辦「喫茶店」，推銷日本綠茶（包括玉露吳文秀一九〇〇年前往巴黎途中，在香港剪掉辮子、穿西服、戴領帶，蛻變成有現代模樣的男士。

和抹茶）、紅茶和台灣著名的烏龍茶和包種茶。日本本國那邊，派了三位委員主其事，台灣這邊，就由時任臺北茶商公會會長的吳文秀負責。吳文秀就這樣，跨出台灣人參與博覽會的第一步。

吳文秀當時很年輕，不到三十歲，所以中選，除了身分，跟他能說英語或有關係。博覽會四月十四日召開，前一年年末，報紙就開始追蹤吳文秀的動態，儼然是台北上流圈的要聞。

吳文秀一月二十日動身。如果以現在一天就可飛到巴黎來看，他實在太早出發了。但當時只能搭船，而且還不是一艘船坐到底，所以，一個多月後，二月二十七日，吳文秀才踏上法國土地。

那個年代，要往歐洲，都先到香港轉船。吳文秀在香港停留期間，辦了一件人生大事。行前台北圈已經傳聞，他到法國要「削髮解裝」，「他日歸來恐兒童相見不相識笑問客從何處來」。這裡的削髮，並非落髮出家，而是剪掉滿清的辮子。報載吳文秀寫信給公會說道，以前到東京，因垂一條辮尾，「甚愧」，但那裡還有清國人身影，不至於「驚世駭俗」。這次到巴黎，已經沒什麼清國人，所以在香港「籌思一夜遂毅然斷髮」，改穿西裝。

到巴黎，吳文秀並非單純的旅客，而是有任務在身。當時，茶葉是國際上競爭得很厲害的貿易商品。錫蘭茶和印度茶的攤位就在對面，每天短兵相接，日本和台灣茶這邊不敢稍有懈怠。整個喫茶店，有三名日本委員和吳文秀，另聘日本婦女和法國婦女各五名，穿上日本服裝，充當招待，引導客人進去品茗。二樓為綠茶區，樓下才是紅茶和烏龍茶、包種茶區。

一開始，台灣茶推銷並不順利。吳文秀信上說，每天到店有三百多人，喝日本紅茶的最多，綠茶次之，喝台灣茶的才佔四分之一而已。日本記者寫回來的報導，還指工作人員語言溝通不良，會英語的日籍委員抱怨吳文秀的英語「變則」(不正常)，做事「獨斷」。吳文秀的處境辛苦，可見一斑。

另一方面，在長達七個月的巴黎博覽會展期間，台北的吳家發生重大的變故。吳文秀的哥哥病逝，電報打到巴黎，吳文秀因公回不來。接著母親「積憂成疾」西歸，他也無法奔喪。同一則新聞中還報導，「嘉士洋行倒盤聞文秀失卻五千餘圓」。新聞標題定為「禍不單行」，不無道理。

公務方面，一九〇〇年八月，臺北茶商公會改選。會長兩年一任，吳文秀人在遙遠的歐洲，那時不僅沒有國際電話可打，普通書信從歐洲到台灣要兩個月才送達，吳文秀吳無法親自出席，只能乖乖寄辭職書回台灣。結果選出正副會長、幹事長、幹事、監事共十五位，一個位子也沒留給吳文秀。

不過，種種不順並沒有讓吳文秀消沉，相反的，從報上的消息看，吳文秀行事頗為積極。當日本駐法公使遞名片給巴黎上流社會，推銷日本茶（包含台灣茶）時，吳文秀是「馳車街道」，把宣傳單和相片簿，「四處分發」，要讓全巴黎人都知道烏龍茶的「真味」。皇天不負苦心人，台灣的烏龍茶經過審查官評判，最後和錫蘭茶同受博覽會金牌。

吳文秀的開朗積極性格，從別人的描述也可窺知三分。清末孫文的革命摯友陳少白到台灣時見過他，在陳少白口述的《興中會革命史要》裡，形容吳文秀「年雖未三十，卻是十分老成，且有志氣」。《臺灣日日新報》在一九二九年吳文秀病逝後，則有朋友說他這個人「善詼諧。多趣味。當地本島人名士宴會。席上無吳氏。則座客為之寡懽。」

吳文秀從一月二十日出發，十一月博覽會閉幕，到隔年一月下旬回台，整整一年為台灣茶業羈留巴黎，歷來的敘述因情況不詳，都淡淡一句帶過，也因此以訛傳訛，造成不少錯誤。

過去關於吳文秀最重要的敘述，例如國父紀念館網站，指孫文一九〇〇年九月第一次來台灣，停留四十四天，曾和吳文秀見面，就屬錯誤。

另外，建築史必談的「圓山別莊」（今台北故事館），每次介紹他的主人陳朝駿，總會引用一九七四年《工商時報》的報導，「在一九〇〇年法國巴黎開博覽會時，吳文秀、陳朝駿、郭春秧三人，還代表台灣茶商到歐洲參加」。如果把日治時代一九〇〇年的《臺灣日日新報》翻過，就知道那年只有吳文秀一人去了巴黎。何況，陳朝駿生於一八八六年，一九〇〇年才十四歲，不太可能代表茶商公會去巴黎博覽會。

神祕的第一位台灣人車主

台灣最初識得汽車魅力的是一個日本人，叫杉森與吉，在台北火車站前經營「日の丸」日式旅館。一九一二年，杉森為客人，也為台灣買進了第一部汽車。之後，總督買了座車，日本戲院老闆也買車來載客，一直到一九一八年九月，全島只有十八部車，而且全集中在北部。不過，妙哉此刻，車主名單終於出現兩位台灣人。一位是板橋林家的豪門貴公子林嵩壽，然而一年之後，當全台汽車數量增至二十三輛時，林嵩壽反從稀貴的車主名單消失了。另一位叫黃東茂，碩果僅存，成為當年唯一的台灣人車主。

黃東茂何許人？一八七六年生於廈門，來台灣念過劉銘傳創辦的西學堂，雖未畢業，應該跟洋師學講了英文。也曾入香港拔萃男書院（Diocesan Boys' School），那是基督教英國聖公會興辦的全英語學校，黃東茂會說英語，殆無疑問。

黃東茂的哥哥在香港工作，他也待過一陣子，最終，黃東茂仍移來台北大稻埕，憑藉流利英語，當起英國洋人貿易公司的買辦，主要做代理石一九一〇年代，一本介紹台灣的英文書中，可見黃東茂煤礦公司刊登的廣告。

油進口的生意。到一九〇〇年代，他已是台北知名的富商了。

同時代的台灣有錢人多是地主，擁地出租給佃農，靠收租過鄉下阿舍的生活。黃東茂不同，他的生意必須使用英文，他在洋人間周旋，生活有幾許洋風。例如一九〇〇年，二十四歲那年，他生病不適，請的是英國洋醫生去家裡看診，後來確定感染了可怕的天花。英國醫生通報官府，把他送去專門的醫院隔離，報紙還說他是第一個送醫院隔離的台籍病人。

又例如一九一〇年，黃東茂宴請台北各洋行所有外國人，在大稻埕最好的餐廳「東薈芳」設筵。據報紙指出，會場「中懸一額。係用英字」；請客處處用英文，在那個台灣還屬明治的年代，難怪報紙要寫上一筆，而

黃東茂的洋派也反映在他的居家生活上。圖為一九一〇年代，他位於淡水竿蓁林的歐式大別墅。

且驚嘆是一個「新式」的做法。

黃東茂另有許多投資，曾是彰化銀行的大股東，也是煤礦主。二〇年代，台北兩大酒樓之一的「東薈芳」負債倒閉，黃東茂出手相救，讓餐館重開並更名為蓬萊閣，最為人樂道。

一九一三年，黃東茂並在台北錫口（今松山）投資開設製磚工場，大概熟悉國際貿易，自己花五萬圓巨資，從英國買進機器。產出的磚塊，則曾出口到香港。黃東茂的行腳也不像一般富豪，頂多跑日本和中國，他還曾到過菲律賓的馬尼拉。

黃東茂的洋派，最經典的要屬他的大別墅了。房子位於淡水竿蓁林的小山坡上，一九一三年搬進去時，剛好名士洪以南也遷居淡水，當地官紳要人特別在天后宮設宴演戲歡迎他們。我第一次從舊書看到別墅的泛黃影像，不禁咋舌，說不出話來，根本是一座歐洲鄉間的城堡，屋前花園綠地比能想像得要大好多。難怪報紙會說，滬尾（淡水舊名）「財產家寥若晨星」，黃東茂和洪以南聯袂卜居，可為當地「生色」。

園內以菊花最盛，黃東茂開過幾次觀菊會，一請三百人，更知其大。茶商陳朝駿在圓山的別莊（即今台北故事館），屬同一時代，可與之類比，卻遠不及黃東茂的豪宅氣派。

這位最早的台灣人車主，似乎不愛曝光，各種書報提到他，都是有文無圖，對我來說，他的長相仍是個謎。目前唯一可以確定，他在一九一二年二月十三日剪掉辮子，比起茶商買辦的前輩李春生、茶商公會會長吳文秀、日本治台後的新貴辜顯榮，都要晚上十幾年；說黃東茂買車洋派時髦，他又有傳統保守的一面。

一九一〇年代，鄭神寶穿和服，蓄翹鬍子，一副日本人的裝扮。

名門公子日本浪漫遊

台灣人酷愛去日本旅行，一百多年前，就有個哈日前輩，名叫鄭神寶，自稱有旅行「癖」，尤其愛日本，「不厭一而再，再而三」。

鄭神寶的祖父鄭用錫於一八二三年高中進士，第一個以「台灣籍」入榜，被稱「開台進士」。到了二十世紀初，鄭神寶的父親鄭如蘭的財富仍在全台前五名之列。

一九一四年，去日本旅行者寥寥可數的時代，三十三歲的鄭家公子即要玩他個六十天。五月中旬一動身，陣仗就跟現代人不同，依其遊記所述，在新竹火車站，來送行的日本朋友、台灣朋友，「一時雲集」。他還僱了一個二十八歲的日本人隨從，「以備客中雜役」。

以前也沒飛機可乘，都到基隆港搭輪船。鄭神寶此行往返都搭「亞米利加丸」，才六千三百噸，比兩年之前發生船難的鐵達尼號小了四萬噸，但是，麻雀五臟仍俱全，有醫院、郵局、戲台、運動場，鄭神寶還特別記載，船上有「無線電」。

不像現在兩、三個小時就飛降日本，從五月十七日午後四點基隆港起錨，到二十一日清晨八點神戶上陸，一〇年代台灣到日本，共要費去五天四夜，船方提供許多活動打發漫長的海上時光。有一晚就推出演劇，但鄭神寶沒去觀賞，因為他正在享受按摩。

抵達日本後，鄭神寶花了好幾天參觀「大正博覽會」。他已經發覺，日本人不論在擁擠的電車裡或博覽會場內，「不見有衝突叱罵之聲」，不像我們台灣人「動輒生忿」，不「拳棒相加」，也會「出惡言相辱」。

遊覽日本，生嘆反省之外，驚奇當然更多。

有一天午後，聽說大正天皇將蒞臨現場，鄭神寶特別趕過去「拜瞻天顏」。夾在人群中，他先看見兩個警官騎馬前導，隨後有八個騎兵執旗，再來才是天皇的座車。他親睹天皇穿軍裝，「天顏殊麗」，旁邊陪坐了一個「體胖之武官」。過了九天，換皇后臨場，鄭神寶又跑去，這次他看見皇后穿黑色洋裝，頭披著紗巾。現代人遊日本，恐怕已經不會也不知道怎麼追這種皇室行程了。

一百多年前，鄭神寶踏過的無數景點，諸如關東日光、京都桃山、下關春帆樓，以今天眼光看，一切都不稀奇，但是，體驗到的卻很「奇妙」。例如他到東京上野的帝國圖書館，藏書四十餘萬冊，入內必須先去「下足

上——一九一四年，東京大正博覽會中的染織館。

下——圖中的日文片假名，意指「電動扶梯」(escalator)，做為連接博覽會兩會場之用。

第一會場ちか道
エスカレーター

所」脫鞋。要借書，不是填單，而是搜索目錄，直接抽目錄紙片去找館員。鄭神寶最後只借了一本書《福翁自傳》，福翁即日本萬圓鈔票上的人物福澤諭吉。不過，書沒看完，鄭神寶就回去了，後頭還有許多奇妙旅程在等他。

六月七日到了橫濱山下町，外國酒館前，有西洋女人，二十歲初頭模樣，「嬌妝倚門」，舉手招攬，鄭神寶「好奇之心。不覺為之挑動也。」入了店，雙方言語不通，年輕洋女「秋波一轉，巧於逢迎」，斟了一大杯白蘭地給鄭神寶。後來，他聽見她跟別人啾啾講話中，有「猜爾庶」三字。今天我們看這三字，必須用閩南語去念，才對得上鄭神寶的意思，猜爾庶就是中國人Chinese。鄭少爺一聽，馬上很機靈，用英語回說「遮幫爾庶」，指自己是日本人Japanese，洋女人立刻拍掌大笑，用日語呼喊「萬歲萬歲」。

兩天後，天氣晴朗，鄭神寶又念起洋女來，於是叫人力車夫去呼來奧國（今奧地利）女人陪酒。吃著飯，喝著酒，正愁言語不通時，恰巧洋服店的人要來量製燕尾服，此人廣東籍，會講洋文，正好居間翻譯。知道了奧國洋女想逛博覽會，鄭神寶就帶她坐火車轉電車去。有兩個西方男士緊緊跟在他們後面，大眼盯著奧國女猛瞧，她似乎害羞，以扇子遮臉快閃。

鄭神寶和奧國洋女閃去搭了「自動升降梯」，這是大正博覽會的名物之一，亦即現代的手扶電梯。當時台灣只有上下垂直升降的電梯，又僅台北火車站前的鐵道旅館有。當年去參觀大正博覽會的台灣人不僅只鄭神寶一位，但由歐洲女郎陪著搭稀奇手扶電梯的，恐怕就沒第二人了。

旅日途中，鄭神寶遇見的妙事還沒結束。七月六日，遊畢京都，入夜下雨，「旅邸無聊」，他叫老闆召來「京妓五六人」陪喝酒。其中一位叫「染奴」，特別討人喜歡，鄭神寶說，「我見猶憐。特留之。以伴此良宵也。」隔天他們還一起乘舟遊了琵琶湖，再隔一天，染奴並到神戶港送別，「叮嚀再會」。

日本旅程的終點，總要提著土產、紀念品回台灣，鄭神寶帶回來的實在太酷了，除了鸚鵡，還有孔雀。大家幫神寶先生皺眉頭了嗎？帶孔雀不麻煩嗎？怎麼會，不要忘記，他可是有個日本人雜役貼身供差遣呀！

美國鳥人到台灣

一九〇三年底，美國萊特兄弟在北卡羅萊納州駕馭飛機，如鳥飛行十二秒之後，全球的天空都寂寞了；每一個天空開始伸長脖子，翹盼人造的大鳥飛上來。

等了十一年，日本飛行家野島銀藏解了台灣天空的盼望之渴，並引爆一波台灣青少年玩模型飛機的熱潮。

又過了三年，一九一七年盛夏，美國的史密斯（Art Smith）更使出絕技，大玩台灣的天庭。地上一位謝姓中學少年仰頭痴迷看著這神妙的天戲，暗自立願，三年後，他成為第一位開飛機的台灣人。

史密斯啟發了謝文達，也為台灣人的航空史揭幕。

史密斯和謝文達一樣，十幾歲就懷著航空夢。讀完中學，跑去印地安納州的機械工廠做飛機模型時，動心起念要當飛行家。媽媽驚嚇不已，搖頭不准，爸爸卻同意以房子抵押，跟銀行借出一千八百元幫他實現夢想。

沒幾年，史密斯就蛻變成冒險飛行的特技表演家，被家鄉人暱稱為Bird

史密斯到日本和台灣表演時，母親都隨行。

Boy。鳥人的名氣很快從各州擴散到全美，又漂過重洋，成為世界有名的英雄偶像。在還沒有星光萬丈的好萊塢年代，史密斯根本就是個好萊塢巨星。

一九一六年和一九一七年，日本高價請史密斯兩度到日本巡迴表演，才有訪台之行。史密斯的飛機沒有鐵殼，飛行員裸露在前頭，雙手握著一個兒童腳踏車輪一般的駕駛盤，兩腳清楚踏在前方，兩隻皮鞋朝天，鞋底向著前方，跟機身一比，顯得更大。駕駛員後有上下兩翼，讓飛機更神似巨人國裡的蜻蜓。以今天的眼光看，當時的飛機根本是一架超大的模型飛機，可組可拆，組合需兩個鐘頭，拆卸只要一個小時，由兩名美籍機械師和三名助手負責。所以，當一九一七年六月二十九日史密斯與媽媽一起登陸台灣，並非開飛機來的，而是搭船從基隆上岸。

依記者報導，史密斯原本想像台灣滿落後，像日本部分港口一樣，船無法直接靠港，需小船接駁，沒想到船一靠基隆港，就直貼水泥岸壁，此為史密斯來台的「劈頭第一驚」。

史密斯一行馬不停蹄，從基隆直奔往南，第一場表演選在台中的陸軍練兵場。

隔天早上九點，晴空萬里。兩萬人湧入練兵場，其中有八千名是學生，

在大阪鳴尾競馬場，千萬觀眾仰頭緊盯史密斯低空飛行的妙技。

台中中學的謝文達就擠在裡頭。現場望去，有幾十個帳棚圍在三邊，大略呈ㄇ型。

以前大型戶外活動都倚賴煙火，兩次煙火發出，大家知道表演節目即將開始，紛紛靠攏。

史密斯扶著四十七歲的媽媽現身，立即引起一陣歡呼。史密斯並不如印象中的高大白人，體型跟日本人差不多，美國《TIME》雜誌還曾用short來形容他。台中陽光下的史密斯，紅顏白膚，身穿淡藍色的襯衫，頭戴深藍色格子打鳥帽（鴨舌帽），胸前掛著許多飛行紀念胸章，二十四歲還像媽媽的大孩子。

稍事休息，史密斯再度走出來仔細檢查場地。十一點十分，他親吻媽媽，而後矯健登上飛機。

飛機兩翼表面漆黑，內裡塗紅，搭配起來，讓人不禁想起台灣俗語所說「紅水，烏大扮」（紅色漂亮，黑色大器）。上翼的表面則寫著白色英文「ART SMITH」，正是史密斯的名字。

十一點二十一分，一開始滑行，才幾公尺，就乍然離地，扶搖直上。觀眾又是反射性歡呼。不一下子，飛機就只剩天空裡的一個小點。

突然，機翼噴出兩道黃煙，隨即逆著飛、左著轉、右著旋，一下子又俯衝直下，像失事墜落一般，嚇得觀眾「驚汗如雨」。其他特技還有機尾朝下飛行，另有「接吻飛行」，即離地兩、三尺貼著地表飛，無一不博得滿場喝采，雷震天地。

激動、震撼、神奇、讚嘆之外，對台中寶町（今市政路一帶）的日本年輕人小野春雄來說，看史密斯飛技表演，卻添幾分失落。小野寫了一封請求信，熱忱之至，蓋上大血手印，祈求史密斯載他飛天。依今人心理，這傢伙八成想貪便宜，搏一次免費載人升空的機會。其實，這樣的請求附帶著高度風險。一九三四年，高雄岡山人楊清溪駕駛飛機，就載著大稻埕米商王得福，當天楊墜機身亡，王得福也隕命了。

前一年，史密斯不斷在日本各地表演，就收到粉絲的狂熱血書，平均一天十幾封，聲稱願賭上生命，也要一嘗如鳥縱橫天際的滋味。史密斯一概婉拒，他認為，飛行就是要安全，而不是要賭上性命的決心。

史密斯果然是年輕小伙子，精力過人；來台飛行秀南北都有，台中結束，緊接嘉義、台南，每地都是午前午後各一場，表演完畢，就搭夜車殺到下一個目的地。七月四日，最後一站台北的表演即將登場。清晨七點半，臺北廳長加福豐次已在火車站等候。史密斯從台南趕抵台北，隨即帶媽媽入住站前的鐵道旅館，技師們則直奔古亭庄練兵場（今青年公園），進行報紙漫畫「鳥人史密斯和台灣」，以誇張玩笑的文字說明：

1.指雷公的兒子被史密斯的飛機馬達聲吵得哭鬧不停；

2.指在河邊洗衣的台灣婦女被飛機嚇得急忙逃走，河邊還立了一個牌子，「此處危險禁止洗衣」；

3.指史密斯在台灣上空，可以眺望日本富士山，獨享其絕色好景；

4.指原住民以為上帝降臨，嚇得不能自己，只能跪地膜拜；

5.說一般國民抬頭望天空，脖子都直了。

上——史密斯在東京青山練兵場表演後，坐上汽車，接受十幾萬觀眾的鼓掌歡迎。
下——史密斯在台中的表演，除了冒險飛行演出，也帶了稀奇的「豆自動車」（小汽車）亮相，以饗觀眾。

組裝飛機的準備工作。

台北場果然壓軸，比台中更盛大，單台北學生就兩萬人，桃竹苗學生也不願錯失大開眼界的機會，紛紛搭火車前來。只見老師帶著仁丹，學生帶著水壺和汽水，一團一團灌入新店溪旁的大綠地。鐵道部配合此萬人級的活動，特別加開臨時班車，票價還打七折。市區北門街（今博愛路兩邊）腳踏車店「魁輪舍」頭腦也動很快，在入口左側，提供免費腳踏車給需要的觀眾，藉機宣傳打廣告。

觀賞台北場的入場券分兩級，一等一圓，約等於今天一、兩千圓的價值。學生、軍隊不收費。價格不低的觀覽費，只因史密斯不是慈善家，不是玩命飛給大家看新鮮而已，他的價碼為一地五千圓。如果以當時到戲院坐最高級的位子看「活動寫真」（早期無聲電影），要花兩角，而現在看電影，貴者兩百六十、兩百八十元來感覺，當年史密斯抱得五千圓歸，跟現在進帳六、七百萬一樣。

台北的白天場次，表演內容和其他各地大同，全程飛了十四分鐘，一樣是鑽入雲裡，觀眾忍不住拍手大叫。但這一次進場，史密斯和媽媽同乘鐵道旅館的汽車，車上有美日兩國的國旗交叉掛著。史密斯照例仔細檢查場地，最後他要求拆掉南邊一段柵欄。登機表演前，史密斯把鴨舌帽轉過

242

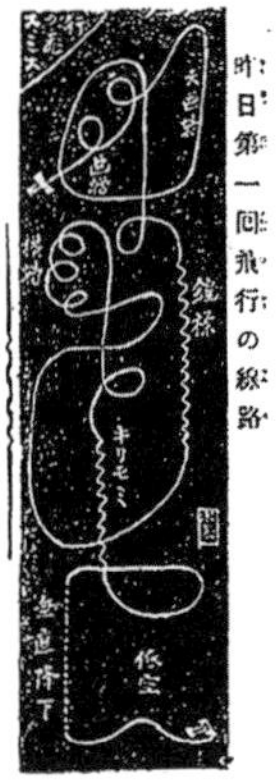

台北一家商店藉史密斯的照片哄抬，指鳥人大受歡迎，他們的貨品也好評不斷。報紙還畫圖（圖右）說明史密斯飛行表演的路線，供讀者想像。

來反戴，報紙記者嘆曰，不修邊幅，「至極無造作」。

這一天，史密斯似乎心情特別high，白天飛完，覺得在空中看台北，淡水河如一條銀線劃過，俯瞰台北的洋風建築，滿有人在家鄉的溫馨。或許，也是那天正值美國國慶日，思鄉病特別蠢動。總之，史密斯決定為台北人加演一場免費的夜間飛行秀。

這一天，農曆十六日，夜裡月明而圓，天無纖雲。一樣的練兵場，人潮退去，現在只剩兩百個相關警備人員提著燈籠，微微的光照著草浪，蟲鳴聲更襯托空寂。然而，史密斯卻是靈巧活潑的一如白天，未見一絲疲態，摩拳擦掌準備再度征服天空。

一飛離地面，機翼就開始噴出火花，愈到高空，火光更亮，時紅時青。從地面仰望，機尾拉出長長的光，真如目睹一條火龍飛翔。據報載，大稻埕、艋舺和城內，這三地民眾跑出屋外觀賞的，「人如山積」。那一夜，台北真如異界吧！

史密斯很高興說，回家鄉，將可以驕其同胞，在遙遠的東方亞熱帶，他曾以夜空火龍遙祝國慶。

史密斯留給台灣一九一〇年代無限美好回憶。當他飛到台中東勢上空，老少驚奇奔出，據說一位眼盲老人也跟著跑出來，要小孩牽著他，完全忘記自己什麼也看不見。又據說捏自己屁股的原住民很多，因為原住民目睹飛機，疑在夢境，風俗上，可捏屁股試夢，痛就知道不是夢。

史密斯後來投入美國早期的航空郵務，一九二六年二月，一次從芝加哥飛往紐約的航程中，這位台灣媒體口中的「空中的拿破崙」、「偉大的天空征服者」意外撞上樹叢墜落慘死。消息晚了兩、三天傳來台灣，憶起他在台灣夜空所創造的燦爛花火，想必人人不忍聽聞，寧願台灣永遠不要收到這則遲來的新聞電報。

明治元勳欠錢記

一九一四年，奧國皇儲斐迪男在塞爾維亞遇刺，第一次世界大戰開打了；民國才第三年，夏目漱石正鬧著胃痛，蔣渭水還在總督府醫學校念書，李登輝則還沒出生。

再過幾天就聖誕節，但對當時的台灣人來說，那是天外之事。十二月二十日，天該冷，卻意外溫暖。桃園的一個保正（村長）劉清奇來到今天台北火車站口、館前路上的鐵道旅館。午後，旅館前人車雜沓，六百多位台灣各地的官人紳士陸續湧入，前腳接後腳，把旅館門口碎石踩得叩叩響。

劉清奇的身分地位在幾百位賓客中算小的，但赴會前特地去剪掉後腦勺的辮子，放大了他的角色。其實，前衛的士紳學生早在兩、三年前就理成西式頭了，劉清奇稍嫌慢了拍，然而這一天，台灣同化會即將成立，男人不再留辮子，女人不再綁小腳，是同化會最起碼的目標，劉清奇因此成了當天應景的模範生。

鐘指兩點，樂隊聲起，全員起立，日本國歌〈君之代〉聲歇，倡立同

黃純青（前排右二）曾以指做筆，以血充墨，寫下同化會如慈母之意的血書。

化會的板垣退助伯爵拄杖上台。他熱烈說著白人如何跋扈，在加州、在澳洲都排斥非白人；為防堵西方勢力入侵，日本應和中國保持友好關係，非以台灣為中日的橋梁觸點不可。

現在讀起來似乎不特別動聽，當時台灣士紳階層對板垣伯爵卻異常激動。特別板垣曾在同年春天來台時，演說訓斥在台的日本官方，要把台灣人當弟弟，不可以老一副征服者的姿態，另一邊，也期盼台灣人敬重日本如兄長。這一說，完全說進台灣人的心坎裡，彰化三十一歲的年輕菁英甘得中說，「如被虜孤兒，聽到慈母之音」，整個依賴之情都丟給老伯爵。等板垣要回日本，聽說滿滿一皮箱的台灣人感謝狀和陳情書。

三十九歲的樹林區長（鄉長）黃純青，也就是前力晶半導體公司董事長黃崇仁的祖父，更曾在台中當著眾人，張開他那十指全都螺紋的手，一刀畫過指頭，以指做筆，以血充墨，寫下同化會如慈母之意的血書。

那個年代沒聽過什麼引火自焚或絕食抗議，孔聖人教的「身體髮膚受之父母」，倒言猶在耳。身高不到一六〇，體重不過五十公斤，自述「形如瘦鶴」的黃純青會如此激情演出，真是夠嗆的。

板垣退助在日本大有名氣，戰後日本被美國占領統治七年，一恢復自由，百圓紙鈔馬上使用板垣退助的肖像。看著板垣那兩撇長長的倒V白

戰後初期，日本百圓紙鈔人物就是板垣退助。

鬚，既搞怪又異類，似乎他一吐氣，風吹鬚動，自由的空氣就騰飛起來。

板垣年輕時，帶兵討伐過幕府，擊敗幕府派的會津藩，才有所謂的明治維新，所以，報紙常介紹板垣是「明治元勳」。板垣對日本民主政治的意義更大，因為他創立了日本第一個政黨「自由黨」。走進今天日本的國會議事堂，一過玄關，中央塔下內部的四個角，有三尊銅像高高站立，三人都對日本議會政治有重大貢獻，板垣退助就是其一。

板垣初任自由黨黨魁時四處演講，跟孫文寫三民主義一樣，跟平民百姓講「人生而平等」的觀念。板垣的論調自然讓天皇君權體制如芒刺在背，看不慣板垣的眼睛藏在各個角落。一八八二年，板垣來到岐阜，在一處室內與三百位聽眾演說兩小時，講到喉嚨發痛。傍晚六點半散場，板垣一走出來，還在玄關穿鞋，一個姓相原的二十七歲教員突然竄出，大叫：「將來的賊！」左手一把抓住板垣的右臂，右手拿短刀迅速刺向板垣的右胸。據後來板垣自己監修的黨史記載，遇襲的板垣當下忍著痛苦，睥睨刺客而高呼：「板垣雖死，自由不死！」

雖然當年《朝日新聞》的「遭難第一報」指出，當地的自由黨員大野宰治郎揮著男兒淚說了這句話。然而，歷史舞台劇也不能免俗，偏愛大卡司；大家寧願這句名言歸於板垣，一代人物有了最佳的台詞，更能爆出無比的戲劇張力。

板垣會來台灣，是台灣人邀請來的，不過，故事要從中國的梁啟超談起。

殖民統治不公平、不平等，很多台灣人覺得精神痛苦。霧峰林家的豪紳林獻堂勤讀中國的報刊，崇拜著梁啟超。一次日本旅行中，在奈良一家旅館巧遇梁啟超，雖然，林獻堂聽不懂梁啟超濃濃廣東腔的北京話，祕書兼翻譯甘得中的北京話也七零八落，他依然興沖沖以筆談方式，向梁啟超討教抗日大計。

梁啟超告訴林獻堂，三十年內，中國絕對沒有能力救台灣，台灣人應該學愛爾蘭人。愛爾蘭早期抗英，每搞暴動，英方就以警察或軍隊鎮壓，

林獻堂一九一〇年代的模樣。

板垣老伯爵（前排右五）來台，受到台灣各地的官紳歡迎。

犧牲者眾，毫無效果。後來，愛爾蘭人改變策略，結交英國朝野，反而得到參政權。甘得中回憶當時他們聽了，覺得「真是妙不可言」。

林獻堂個性溫吞，自然歡迎梁啟超的指導棋，寧可迂迴跨海廣結日本要人，也不去跟總督府硬碰硬。至於該找哪些日本權貴賢達，相了半天，林獻堂覺得板垣退助「以自由黨名，肇造政黨政治之基」，又為「全國上下所崇拜者」，是最佳人選。

林獻堂當面邀請板垣，一九一四年冬天，板垣退助果然帶著七位幹部，宛如八仙，渡海駕臨台灣，行李箱還裝了一個偉大的計畫，就叫「成立台灣同化會」。

從基隆搭火車抵達台北火車站，板垣受到總督以下的大官商民熱烈迎接。從火車站到下榻的鐵道旅館，不過三、四百公尺，還是熱鬧滾滾，坐上馬車，很有國家元勳的派頭。

一開始，在台日本人和台灣人都歡迎同化會，但套現在流行的話說，其實，一個同化，各自ＯＳ。台灣人的同化美夢是「我們要和日本人一樣」，可有參政權，可當高官、可與日本人自由通婚。日本人腦子裝的同化卻是「你來跟我一樣」，主張台灣人應改掉陋習舊規，蛻變成真正的日本人。台中地方法院院長渡邊啟太就在同化會上拚命說過，台灣下階層人

上——日本人自有一套文化與生活習慣，來台灣不是入境隨俗，而是期望台灣人變成日本人。

下——多數日本人認為台灣人有許多舊規陋習，很難立即與日本人同化。

很難同化，他去山地旅行，僱了台灣人當苦力。那個苦力竟然用手擦鼻涕，鼻涕又塗在皮箱上；別人在談話，苦力也從人家面前走過，毫不知怪，讓他火冒三丈。

板垣炒熱了台灣人的情緒，給台灣人畫了好大一張甜餅，在台日本人愈看愈不對，害怕台灣人浮動搞擴權，反對聲浪不斷。事後，板垣對同化會也沉默了。一個刺激台灣人自覺與民主意識的組織，存活一年又六天後，被總督府以寥寥幾字勒令解散，理由只有四個字——「有害公安」；像一個營養不良又乏母親照顧的嬰兒猝死，且被草草埋葬於荒涼的山野。全台沒有為之騷動不滿，連一點唏噓都沒有殘留，同化會就這麼化成一道風，散了。

突然，兩年後的夏天，又冒出同化會的消息。原來板垣退助伯爵入住的台灣鐵道旅館是最貴的洋式飯店，去動物園玩才要三錢，在這裡吃個早餐要一圓，也就是一百錢，吃晚餐要兩百錢。板垣訪台三十幾天，有二十四天住在此地，住宿加設宴，自然所費不貲，算一算，總共一千兩百零四圓。退房當時，付了幾百圓，還欠七百六十六圓七十五錢，本來說回到東京即來繳清，卻久久不見人影。後來交涉延期付款，也遲遲沒有下文。鐵道旅館念及板垣的地位，拖了兩年多，最後仍向台北地方法院提起民事訴訟。毫無疑問，白紙黑字的帳，板垣敗訴了。

堂堂一位伯爵，竟然無法繳付區區七百圓旅館費，也沒有人挺身買單。其實板垣來台當年虛歲七十八，不僅退隱政壇已經十四年，還曾以民主觀點，拒絕天皇賜封的伯爵勳位，搞得其他幾百個侯公貴族如細砂在眼睛裡磨，好不舒服，罵他是拒絕皇命的國賊。板垣在日本，早成過氣的非主流。來台前幾年，自由黨人提議在板垣家鄉建壽像，並為他籌措養老金，結果在本籍高知縣預計募集一萬元，都無法如願。黃純青曾在同化會上奉板垣為「菩薩」，事實上，板垣老伯爵可能根本已成一尊泥菩薩。

話說回來，不論梁啟超有沒有教對辦法，林獻堂有沒有找錯日本權貴，同化會確為台灣人非武力抗日的開端。往後一、二十年，林獻堂一直以相同的溫和態度，尋求日本本國勢力的義助，其結果也就相去不遠，表面熱鬧，內裡無力，始終難以撼動殖民統治者。

禁吃大蒜迎親王

是誰這麼大牌？

他只不過遠遠的，坐在馬車裡，馬蹄聲叩叩叩，慢慢行過，官廳就禁止所有人事前吃大蒜，免得呼出臭氣，令他眉毛不悅地皺起來。

他沒有姓，一如日本天皇，大家稱他「閑院宮載仁親王」。他的四哥久邇宮朝彥親王當時有個小孫女，就是日後的昭和天皇的皇后良子。如果按照民間親族關係來說，裕仁天皇要叫他叔公。裕仁那一年七歲，這位叔公也才四十三歲。閑院宮還有兩個侄子娶了明治天皇的女兒，在日本官員眼裡，自是高貴得好像天上來的人。

一九〇八年，臺灣總督府花了兩千八百萬圓和十年的時間，遇山開隧道，逢溪建鐵橋，好不容易在地圖上，台灣西部終於多了一條黑白線，人們可以搭著鐵道，一路從基隆到打狗（高雄）。十月二十四日即將在台中舉行「全通式」，為了史上珍貴的一刻，總督特別跑了一趟日本，廣邀政商社會各要人來台參加典禮，以增添光彩。

載仁親王（右二）地位崇高，曾陪皇太子（左一）訪問英國，與威爾斯王子（左二）合影。

一九二一年，載仁親王（前右二）與時任東京市長的後藤新平（前右三）在一個慰勞會上。

一百五、六十位的渡海貴客名單，若是一塊紫絹，閑院宮的皇族身分就是絹上一枚全金的大菊，其他客人只是雜紋，陪襯而已。加上他不只待在台北，還要南下台中，台南、打狗也都要去視察，官方壓力大到碎碎念，對台灣人社會三令五申，一大堆的不可以要大家注意。牛不可以跑到鐵軌邊；男人的辮子不可以纏繞在頭頂，要綁好垂下來；好好的天氣，不可以戴斗笠或撐傘遮陽；不可以爬到樹上、牆上、牛車上、屋頂上亂看；不可以把小孩放在肩上「拜觀」。拿起望遠鏡，想把皇親國戚的尊容瞧個清楚，也在禁止之列。

閑院宮入住當地，「白痴瘋癲」，或有強盜、偷竊、賭博前科的也不准外出，保正（村長）要負責管控。這個禁令讓「王長興」之名一夕間變大，只不過，成了「顛狂」的危險人物。他才二十二歲，一度在政府機關工作，不久辭掉了。總督南巡阿里山，他「曾在途中提出訴狀」，民政長官年中到阿里山，他「故態復萌」，官廳乾脆把他抓來關幾天，免得攔路請願請出狀況來。

總督府接待閑院宮，誠惶誠恐，也因日本占得台灣以來，已進入第十四個年頭，第一次有男性皇族非為軍事來台訪遊，總督府必須負責招待。而且，閑院宮的同父異母哥哥北白川宮能久親王，一八九五年以指揮官身

下
一九〇八年，櫻丸載來日本各界重要人士，參與台灣西部縱貫鐵道的全通式。

左
一九〇八年在台中公園旁搭建臨時性會場，舉行鐵道全通式。

全通式會場所在的台中公園門口建造了巨大的「奉迎門」。

分率領軍隊接收台灣時病逝，總督府承擔不起皇族再有差池的罪過。

總督府此番照料閑院宮的飲食起居，比現在招呼總統病房的VIP病人還仔細。載仁親王下榻總督的官邸（今台北賓館），餐食不必擔憂，牛奶卻特別提心。當時，日本已西化四十年，閑院宮又曾經到法國學習軍事，養成習慣，中餐吃日本料理之外，早、晚餐都吃洋食，牛奶自是不可少。當時有柊、三洋、臺北等三家牧場供應官衙鮮奶。總督府先叫獸醫去牧場做健康檢查，把最好的乳牛找出來，再移至總督府新設的牧舍。等閑院宮抵台，再隨時搾取。這樣還不夠，最後必須送臺北醫院（今台大醫院）消毒，牛奶才能端到親王面前。

在台北的飲用水問題更不可不慎。在縱貫鐵路開通典禮前，台北市的都心地區加快挖水道，等貴賓蒞台前幾天，總督官邸和鐵道旅館（舊址於今火車站前新光摩天大樓）這邊已經可以供應自來水。台北飲水沒問題了，台南卻還傷腦筋，於是，總督府命令台南醫院提供蒸餾水，以應閑院宮在台南停留兩天所需。

接待皇室，規格也完全不同一般。閑院宮的坐艦靠抵基隆港時，當然不是跳上岸；他必須走下梯來，通過一小段走道，即所謂的「棧橋」，才登上陸地。總督府為此在岸邊新建三座木造棧橋，其中一座供閑院宮專用，

四、五十位艋舺女學校學生，站在街上迎接閑院宮的馬車，體驗了什麼叫皇室威儀。圖為一九一〇年代艋舺女學校學生的住校情形。

其他賓客，管他公爵男爵，一概得走相隔七十幾公尺外的第二座棧橋，寬度還比親王的窄多多。

一切準備妥當，二十二日早上九點，禮炮隆隆，藍紫色軍艦「姉川丸」飄著皇族旗，投錠泊靠基隆港。姉川丸是前幾年打俄國的戰利品，原為英國製造，俄國買來當醫療船，日本再拿來當通報艦。

總督上艦把閑院宮請出下船，隨從有十幾個，單單照顧馬車的馬的就六個人。登上馬車，台北迎接他的是站滿在今天館前路、重慶南路和凱達格蘭大道的官員、商人和學生。歡迎人群中，女性本來就少，站在民政長官官邸（今總統府前寶慶路這一側停車場）前的艋舺女學校學生有四、五十位，她們穿著中式長裙和襟衫，衫長蓋過臀部，格外醒目。馬車經過時，老師喊敬禮，閑院宮微微笑，示意侍從揮手答禮，讓人想起電視播放日本皇太子結婚，新人向夾道民眾頷首揮手的情景。清代時期，天高皇帝遠，雖有「嘉慶君遊台灣」，但那無非鄉野傳說，此刻的皇室威儀才是真實明白。

閑院宮此行九天八夜，許多活動在等著他光臨。除了台中的鐵道開通典禮，台北剛落成的新起街市場（今紅樓劇場）也舉辦了共進會，展示台灣商品特產，台北林恩坦精心餵養的四百九十六斤大豬公是會場焦點。市場特別中途關閉一個半鐘頭供閑院宮慢慢觀覽。另外還有總督府博物館（原建築已消失，舊址在今總統府後方的國防部大樓）趕熱鬧開張，但也是等閑院宮二十三日參觀後，二十四日才正式開放給一般民眾。

因著縱貫鐵道開通而生的還有台北火車站前的「臺灣鐵道旅館」。鐵道旅館已燬於二次世界大戰，原址再矗立的是新光摩天高樓。當年從日本來台出席鐵道全通典禮的重要客人有一百多位，台北的旅館胃納小，容不下這麼多人，一些貴賓還被安排去住官員宿舍。而新穎華貴的鐵道旅館則入住了二十五位。

以前有書指出，鐵道旅館把閑院宮列為「第一號使用人」。依據什麼史料，尚不清楚。不過，日本皇室成員來台，在台北幾乎都下榻總督官邸，閑院宮亦不例外。他確實兩度進入鐵道旅館，但僅只蜻蜓點水，參加「夜會」，一個人坐在一張特大的椅子上，跟大家一起看幾個鐘頭的表演而已。

真正宿泊鐵道旅館的第一批客人，倒是有五位是閑院宮的武官、御醫

下

鐵道旅館佔地三千多坪，大門面向今天台北的館前路，圖中電線桿這邊即忠孝西路。

右

總督府博物館（原建築已消失，舊址在今總統府後方的舊國防部博愛大樓）等閑院宮參觀後，才首度正式開放給一般民眾。

現在台中著名景點湖心亭，即百年前為迎接閑院宮而造，供他典禮結束，在公園植樹後短暫休憩。

和艦長。除此之外，第一批客人中，六十一歲的西德二郎男爵曾任外務大臣，駐清公使任內遇上義和團事變。《來自硫磺島的信》電影中精於馬術的陸軍中佐西竹一男爵就是他的兒子。西竹一曾於一九三二年獲洛杉磯奧運馬術場地障礙賽金牌，是日本史上唯一的馬術項目金牌。

五十二歲的佐藤昌介當時是東北帝國大學總長（校長），和新渡戶稻造同列日本第一位農業博士。新渡戶以著作《武士道》聞名世界。

井上勝子爵則是日本鐵道的功臣，一八六八年出任「鐵道頭」（鐵道總裁），帶領日本人自力完成第一條鐵路。井上勝從台灣回日本後五、六年，其銅像被植立於東京火車站旁。

湯池定基時為貴族院議員，他的妹妹叫靜子，即第三任台灣總督乃木希典的太太。乃木夫婦聽聞明治天皇西歸，切腹殉死，被認為是明治時代美好的句點。

其他賓客還有滿鐵理事清野長太郎，他後來任過秋田、兵庫、神奈川等縣的知事（縣長）。田邊朔郎建設日本最早的水力發電所。工學博士白石直治的太太菊子為日本前首相吉田茂的姐妹。南岩倉具威男爵是岩倉具視的孫子，岩倉具視曾任明治初年的外務卿，為了開化維新，率團訪問歐美，回來決定建造鐵道。

不過，宿泊名單上，再多日本名士學人，都不如三位清廷的福建知府教人驚奇。賴輝煌、陳燦華和李瑞棻三位知府代表閩浙總督松壽來台祝賀鐵路通車，他們和日本官員同住在鐵道旅館，夜晚想必鼾聲相聞；當時鐵道旅館的客房沒有獨立的衛浴設備，大夥兒共用五間浴室和三間便所，或許，彼此還會在往浴廁的狹道上相逢。

二十八日當晚，賴輝煌知府大人曾與閑院宮殿下同在旅館一樓的食堂同室舉杯到十一點，但過了那一夜，明日天涯，各往不同命運去。半個月後，老佛爺慈禧駕崩，兩百年皇朝氣如游絲。日本卻才剛崛起，正上桌和列強一起分食中國這顆大甜瓜。

然而，若再退到百年後的今天看，中日又不同風景了。榮枯起落，不過排隊而已。

第二部

愛與死事件簿

戀愛？亂愛！

每個時代都有流行語，古早的一九二〇年代，也曾經冒出一個新鮮的流行語來，叫「亂愛」。

一九二九年，台中梧棲的女孩子與沙鹿的年輕人相戀，不久，沙鹿男的父母逼他另娶，梧棲女著急了，跑去男孩的村子，借了一戶人家暫住，好日日跟男朋友相會。兩個十七、八歲的戀人對未來惶恐不已，最後相約殉情，吞下老鼠藥自殺。

現在重說這個故事，我很自然用「相戀」來描述，當年報紙用的字眼可是「男貪女愛」和「少年男女亂愛」。「亂愛」毫無憐惜愛情之意，且是對抗「自由戀愛」而打造的一把刀槍。

日本時代最大的報紙《臺灣日日新報》於一九一九年首度出現「自由戀愛」一詞，不過，談的是俄羅斯的新聞。台灣本地隨著世界民主解放的思潮拍來，二〇年代開始提出婚姻自主的觀念，青年把「自由戀愛」掛在嘴邊，守舊派便想出「亂愛」這個福佬發音像「戀愛」的諷辭。

看看亂愛派是怎麼批判「自由戀愛」的：「若乃不由父母。不問門第德性。而曰自由戀愛。則與嫖客娼妓何異。」又說，「一班一知半解無識青年及中年。讀幾卷新書。便唱自由平等。自由戀愛。置綱常於不顧。」自由戀愛好似大蟒蛇，一口就足以吞下千年的父權和孝道。

一九二六年春天，彰化發生了一樁轟動全台的自由戀愛事件。彰化街（如今之彰化市）傳出楊姓街長（市長）的兒子跟潘姓女子相戀。潘女從彰化高等女學校畢業後，在學校擔任教員，屬當時的進步新女性。如果換做今天，這廂是名門子弟，那廂是受高等教育的女老師，一對佳人墜入情網，開著酷炫的汽車到公園遊玩，在餐廳接吻抱腰，媒體應該是報導得眉飛色舞，語寄祝福。事實的發展卻完全不是這一回事，既非一頁戀愛美談，而且是一件天大的醜聞。

潘女跟母兄頂嘴，說她戀愛是自己的事，自己負責，不關他們的事，家人氣得報官將她逐出戶籍。旁觀的街坊民眾更激動，怪罪楊街長姑息，竟然有三百多人跳出來連署，上書請願要求把街長換掉。風波鬧了好幾個月，最後男主角下跪謝罪才得平息。

當年的台灣社會內部，男學生不准看女校運動會，男女牽手就屬通姦，婚姻全由父母決定，外邊的世界卻偏偏吹來自由人權的風，兩股價值對決，從報紙充斥著「亂愛末路」、「自由亂愛中毒」、「不守清規……講什麼魔鬼亂愛」、「素抱自由亂愛主義……一對不羞廉恥野鴛鴦」看來，自由新思維在愛情的台灣初戰場是飲恨了。

八十幾年前，台北新莊這邊有個痴情女，也是高女畢業，三更半夜寫情書，幾次被父親撕了又撕，她還是寫了又寫，父親再打了又打，最後，報紙說，「始靜如井水」。報紙並以標題稱許「庭訓嚴格之家」，讓「亂愛男女莫施其狡」。當年，真不知道有多少黑夜，少女以淚洗過？

一九二〇年代，是愛情開始解放的年代，也是一個專門製造愛情悲劇的年代。

台灣人殉情記

一對男女重回鐵道旅館，踏上玄關前的石階，一階、兩階、三階，一階一嘆息，把冷硬的石階都踏軟了。

並非每個投宿鐵道旅館的，都是精神飽滿的旅客，或來台灣探奇，或來台灣訪舊談生意；也有像大橋先生與內本小姐這樣的天涯淪落人，即將親手切斷自己的生命光源，從一九三一年的人間名錄消失。

幾天前，他們從大阪來台北，住了一晚，就像鐵道旅館常見的客人，有閒有錢，隔天就往中南部遊玩去了。再回鐵道旅館時，大橋先生卻聲稱受了風邪，不出房門。四天後，午後五點，旅館服務生強開門鎖，發現兩位已經昏迷多時，像似服了劇毒。

那個年代，不管在台灣或在日本本國，愛情因種種阻礙，日本戀人以死相殉，已不是新聞。鐵道旅館殉情事件之前，被稱「文壇巨匠」的小說家有島武郎與愛人同往輕井澤，也選擇在別莊「淨月庵」上吊自殺。之後，則有滿洲國交通局總務司長的太太梅子，婚外情又姐弟戀，在大連市情人家裡，與之相擁共赴黃泉，上流社會如此大膽行徑，驚得大家目瞪口呆。

依據日本時代的報紙記述，日本統治台灣的第三年，就傳出日本人殉情悲劇，地點在澎湖，當事人是公學校的老師和妓女。從此以後，妓院女子就一再出線，成為日本人殉情記的第一女主角。

日本男人前腳到台灣當官、營商、做工，後腳就把政府的機關建築、商店的樓房蓋起來。接著，他們的店左店右，就有名為「花月」、「醉月」、「稻六」之類的木造「遊廓」(妓院)，花樣的女孩搖盪著腰枝，也忽前忽後，輕揮著小手。這般日本風月，也飄入台灣人世居的艋舺(萬華)。

第一次傳出台灣男人和日本妓女「合意心中」(非脅迫的殉情)，就在艋舺，已是一九一三年。每個時代的每個社會都受不了情色和流血的迷誘，百年前也一樣，報紙因此異常激動，仔細報導了整起事件的過程。

艋舺有家叫「富士見樓」的妓院，二樓第二號房間歸屬一個名喚「入船」的美麗妓女。有一天，她生病住進艋舺的婦人病院，醫院裡的資深職員「楊有來」，已經工作十年，是上司眼中的溫和好人。楊有來的長辮子已經剪掉了，頭髮又學日本人分邊，頗得入船好感。楊有來對她也是照顧得無微不至。這下可好，火山已經爆發，任誰也阻擋不住滾燙的岩漿漫流；入船一出院，當天晚上，楊有來就跑去富士見樓指其名而登堂入室了。

下

舊時日本商人交際場合，一定有穿著和服的紅裙相隨。

左

一九二七年，寒冷的一月，艋舺的妓院「梅月」發生殉情事件，司法人員騎著摩托車趕到，也引來老少民眾圍觀。報紙在新聞照片上畫個大「╳」，標示案發的二樓現場。

家中這一廂，兩個小孩，楊太太背揹一個、手拉一個，直搗妓樓，可嘆親情攻勢仍然抓不回楊有來的心。楊家大哥去念，醫院長官去勸，跟講南島語給埃及人聽一樣。四個月折騰下來，楊太太鬧過上吊，所有人都像敗戰歸途的兵馬。一天夜裡，楊有來和入船一起吞下二十克的亞砒酸，準備了結一切。兩人痛得在床上滾來滾去，呻吟聲驚動妓院，他們很快被送到醫院，男的說「先救她」，女的也叫「先救他」，此刻，垂死的愛情以最後一口氣，再度展現她動人魂魄的力量。

楊有來死了，入船卻因吐過一口亞砒酸，中毒較輕，仍然活下來，這倒與一般的印象不同；殉情未遂，若一方活下來，多半是男人。太宰治的殉情史就一再演出這種戲碼。他以《人間失格》等小說活躍於三〇、四〇年代的日本文壇，熱中殉情，為個人一大特色。幾次自殺吞安眠藥，據說都因太強壯，愛人已經飛登極樂，他還卡在現世。淒美愛情戲演成滑稽笑鬧片，真是好不尷尬。

一〇、二〇年代的台灣人有個概念，認為日本傳來殉情的風俗，之前在台灣「罕有所聞」，台灣人開始為情求死，是「受時代之中毒」，跟日本人學到壞東西，是「惡方面之同化」。

日本時代在大稻埕，說起黃玉階，人人會豎大拇指。台灣男人開始剪

黃玉階曾任大稻埕區長，帶領發起男人剪辮、女人放足的運動。

掉辮子，女人開始揚棄綁小腳，他都是主要的鼓吹者，當過大稻埕區長。黃玉階去過監獄當教誨師，勸導受刑人改過向善，熱心公益，終生未娶，死後弟弟黃瑤琨的兒子天鶴便過繼給他做承嗣子。

黃玉階獨身一輩子，這個嗣子卻是多情男兒。日治時代，台灣人多穿台灣衫和西服，極少數才敢穿和服，黃天鶴就好穿和服以標新。一九一九年，二十二歲的黃天鶴在曹洞宗布教所教日文，一位十九歲的護士黃紅咩來上課，兩人愛苗滋長，隨即演出師生戀，一起看「活動寫真」（電影），又到新公園散步，衝撞當時保守社會的尺度。生父黃瑤琨當西醫，也是地方聞人，怒責天鶴，天鶴心生悲觀，偷了自家醫院的藥，便和紅咩一起尋死。最後兩人都被搶救復生，但報紙念起此事，便斥之「狡童游女」、「惡方面之同化」。

日本時代最大的報紙《臺灣日日新報》，官方色彩濃厚，但在一九三七年前有所謂的漢文版，由台灣人或中國人採訪編譯，全寫中文，頗能反應中國式傳統衛道文人的觀點。此報論起殉情，咬牙切齒尤勝哀憐，遇一方是青樓女子，新聞更夾敘夾議，毫不手軟。像台南的施士洁，既是清末進士，又被奉為台灣清代三大詩人，他死後，兒子施福塗為了新春閣的十九歲喜玉神魂顛倒，一九三三年同飲安眠藥自殺。喜玉吃的量少，沒有大礙，但截稿為止，施公子卻性命垂危，報社記者就很看不過去，認為施福塗被愚弄了，說妓女都是「生張熟魏。盡為入幕之賓」，「取博愛主義」，對誰都好。

各個時代有其特殊的文明情境，情侶攜手同歸塵土，也受環境事物牽引，採取不同的手段。古代的自盡方法，沒有安眠藥可吞，不是上吊，就是投井、投河、投湖、投海。現代無井有高樓，就衍出跳樓自殺來。日本時代的民家樓高頂多兩、三層，躍身一跳，不足致命，所謂跳樓自殺，就少有聽聞。那時，還不到家戶有汽車的地步，也就沒聽說有導入二氧化碳廢氣自殺的事。日治初期，吸食「阿片」（當時不寫做「鴉片」）的積習未改，一九〇〇年代就有幾起吞阿片殉情的奇聞。一九〇九年，台北八里塔寮坑的韋姓男子，和愛人在竹林間，以他的長辮子一起纏頸自殺。到了三〇年代，台灣男人的辮子早已剪光光，便不會再有辮子自殺的情事。而一九〇八年，西部縱貫鐵路完工通車，黑重的火車頭天天壓著鐵軌衝南衝北，鐵道自殺就現身了。據一九二七年的統計，少年少女自殺者選擇的方式，最多的就是被火車「轢死」。

一九三〇年四月十五日晚上的台北市，晚上八點六分，火車站發出第三三九號載貨列車。彎過北門邊，沿著今天的中華路向南走，到貴陽街口這邊，一對男女突然衝入鐵軌，火車一轟而過，女子從胸部被截成兩段，男子兩足截斷，一隻腳卡在車輪，快速翻滾遠離，現場遺留的情狀驚悚駭人。警察來勘，發現好幾張名片，原來男子是台中市的楊姓鋼琴調音師，與陳姓女子比鄰而居，已經訂盟，準備五個月後結婚。男子英俊，有很好的職業，女子也畢業於公學校，父母不曾反對，也沒有病魔纏身，沒有人猜得透，為什麼他們選擇踏上這條年輕的黃泉路。他們大吵了一架，一時情緒失控去撞火車？也不是，十天前離開家鄉，他們已寫就遺書，預告要投海。在身上，也備好紙條給警察，懇求代為善後。

愛戀的裡外，兩方視力本來就不同，焦點落處也相異。決死的動機，其幽微絲縷，自己難理，對別人似也難道。

不過，對一九三五年鹿港鞋店張姓職員來說，和十六歲愛人吃下拌了老鼠藥的肉丸，動機單純，只因父母不許。對陳姓台南青年來說，也很清楚，一九三六年，他在東京絞殺日籍女人再飲藥自盡，也因父母反對。日本時代，一方面漸染自由風氣，但唯命是從的孝道依舊巍巍，孝順往往成為殉情的最大推手。

殉情之地，數日本時代殉情「名所」（著名景點），那非說台南快三．八公里長的運河不可了。

上

曾經有台灣戀人過不了愛的情關，跳出火車車窗，從鐵橋墜河殉死。

下

台南運河從日本時代開始就是著名殉情地，戰後有電影以此為主題，大受歡迎。

日本統治台灣五十年，一九二〇年恰為中間點，前後各二十五年。因此，一九二六年，台南運河鑿通開運，已進入日治後半期。運河是台南當時的大建設，開了運河，滿載的貨船可以直抵市內，一般市民往來兩地也有直達船。

商人對著運河歡呼，傷心戀人卻望之欲魂斷。開通四年不到，就有數十人來跳河自殺。台南的社會團體及有識之士思索預防之道，除了辦演講會，還想出「點燈」的辦法。說是要「照亮晦暗的心靈」，其實是晚上河邊光明，自殺者比較不會冒然行動，若真跳入水，及時被發現和搶救也比較容易。

一九三二年，三公里的運河，設了三百燭光的路燈十盞，顯然不足以「照亮晦暗的心靈」，地方人士再在河邊橋畔，立了一尊地藏王像，還很慎重其事，請寺僧來給菩薩像「開光」、「開眼」，並給亡魂誦經。地藏王是否勸退了欲死的心，不得而知，但隔年三月，台南關廟的楊姓車夫還是抱著陳姓酒家女跳進河去了。

運河仍在，但台灣八、九十年的愛情已經掙脫重重綑綁；任何形式的愛情，合法的、非法的、超現實的、體制外的，都有了因應之道。那些無路可走，讓人心酸的殉情，幾乎已是前朝舊物。

少年仔愛看電梯小姐

九十歲的蔡董事長聊起台南家鄉舊事，刺激新鮮仍在嘴角；一九三〇年代，他和幾個少年仔朋友出於好奇，相互呼引，跑去末廣町五層樓高的「林」百貨公司（今台南市中正路和忠義路口，建築仍在）看電梯小姐。

現在，大家爭相搶看的是歌星、明星，已經想不到白手套指向天、彎身鞠躬的電梯小姐有什麼特別了。時代各有風情，七、八十年前，百貨公司裡的電梯新奇、小姐摩登，當然值得一睹。

現今總統府後方長沙街上，左側建築為交通部舊廈，目前已移撥國史館，戰前則是總督府的遞信部大廈。一九三一年，遞信部裝設了最新式箱型電梯，並徵用了兩位日本女性來操控電梯，台灣才開始出現電梯小姐。梶原與切通兩位日籍電梯小姐，每天比別人早半小時上班，晚半小時下班，在不到一坪大的空間工作，穿著深藍色洋裝，裙襬剛遮過膝蓋，搭配時髦的白色絲襪和白色高跟鞋，報紙稱她們是「先端的職業No.1」。然而，遞信部是政府機關，不如百貨公司來往自由，一般人並不容

下
鐵道旅館安裝了台灣第一部升降電梯。旅館的內部，從天花板吊燈到地板、窗簾，無一不是最高級的裝潢。

左
總督府後方的遞信部於一九三一年出現台灣最早的電梯小姐。

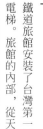

戰前台南市最大的百貨公司「林百貨店」。

百貨公司的電梯小姐洋溢時髦的氣質，吸引少年郎的目光。圖為台南的林百貨店，圖右上方的時鐘下，即是升降電梯所在。

易窺探風采。

百貨公司中，除了台南的「林」，台北的「菊元」（舊址位於今衡陽路和博愛路口），也裝了電梯。菊元樓高六層，樓頂又有加蓋，號稱七層樓高，宛如三〇年代的101，觀光客必到的名所。一九三五年，台南左鎮的小學生楊量貴隨著人潮湧入台北參觀台灣博覽會時，也到菊元，後來他回憶說，「許多人都專程來搭電梯」。

菊元的名氣太響亮，老一輩多誤認是台灣第一部裝設電梯的建築。事實上，一九〇八年新裝登場的鐵道旅館，雖僅三層，無法與當時歐美如雨後春筍的二、三十層大樓相比，卻已是台灣的高樓。為了方便客人，鐵道旅館從一到二樓裝設了台灣第一部升降電梯，比菊元大樓早了二十四年。由二樓的平面圖看，這部升降電梯佔掉快兩坪半，比現在的電梯大很多。而地面鋪台灣檜木板，則多幾分典雅。

鐵道旅館之後，一九一九年落成的總督府（今總統府）也陸續備了六部電梯。現在搭電梯，自己進去按按鈕就好，當年的電梯不是這麼回事。電梯跟汽車一樣，需由「運轉手」（司機）操控把手。運轉手不僅為乘客的舒適方便而存在，精準操縱機械，保障安全，

一九三四年十月底，總督府三樓第四號電梯口發生駭人意外。十六歲少年因好奇，在電梯邊探望，被下降的電梯撞破頭蓋骨。報紙刊登現場照片，並以「╳」標示案發位置。上圖中的日文字是「升降電梯」，虛線說明少年招致意外的站姿。

才是更高的任務。總督府始終僱用男性擔綱。據說，電梯運轉手需要練習一年，才能勝任。

運轉手固然熟練，意外卻不歸人使喚。冬天的一個正午，總督府第五號電梯停在三樓，有人步出電梯，陳姓司機的手脫開機關把手，要去關門，門還沒關，梯內卻有另一位陳姓職員熱心有餘，幫忙按下把手。說時遲那時快，幾步外的日籍職員「栗原」衝過來搶搭，電梯已往四樓上升，栗原一腳踩空，不幸墜落身亡。

三〇年代的電梯殺人事件更恐怖。十六歲姓高的「蓄音器外交員」（販送唱片機的外務員），一天午後，帶著蓄音器到總督府三樓的山林課，辦完事在第四號電梯口等候。從報紙的新聞照片看，電梯的門如鐵柵欄，胸高而已。少年大概好奇，一探頭望，剎那間就被由四樓下降的電梯撞破頭蓋骨。

話說回來，意外從無法嚇阻人類追用文明新事物；日本時代，共有電影院、大學、銀行、公會堂十幾處裝設電梯，快跑追趕時代的腳步，乘著此「垂直交通機關」奔向現代。

煙草女工眼裡的蔣介石

現在台北火車站正後方，到華陰街和承德路口之間的區域，交九轉運站的高樓聳立，日本時代，那裡原是一大片的紅磚工場（工廠）。每天有千人進出，規模在台北數一數二，正式名稱「專賣局台北煙草工場」，民間管叫它「台北煙草局」，國父紀念館後方的原松山菸廠，當時還沒蓋，台灣民眾抽的本島香菸，像一〇年代就有的香菸牌子「新高」和「高砂」、三〇年代的「曙」和「Red」，都由這個官營的煙草工場製造。

一九三〇年，台北煙草工場有三百多名第一線女性作業員，負責捲菸葉、包裝等需要雙手靈巧的工作。在那個婦女剛走出家庭的時代，若要觀察當時台北的職業婦女，煙草工場可說是個大窗口。剛好，這一年七月，大夏天的，煙草工場神來一筆，管理係（管理股）為了要了解女性員工，做為訓練和福利的依據，進行了大規模的問卷調查。所謂問卷，並非讓女工看著一疊紙，逐題回答，而是由男性台籍職員口問，事前表明調查與升遷、績效無關，然後以無記名的方式記錄下來。答案則屬開放性質，非勾台北煙草工場每天七點上班，五點下班，沒有週末放假，月休二日和十六日兩天。

RED
JASMINE
Heron
Heron

社交の王座に輝くたばこ
曙
AKEBONO

瑞光
RED JASMINE
瑞光
瑞光
RED
JASMINE
台灣專賣局

兩切煙草
定価15セ
南と白鷺
白鷺
定価20セ
台灣專賣局

上 專賣局產銷的香菸品牌眾多。

下 雜誌上出現的專賣局的香菸廣告。「兩切煙草」指明治時期以來，日本學洋菸的一種包裝，小長方盒裡，裝有十支香菸。不同時代有不同熱門香菸，日治後半期的知名香菸就是「曙」（あけぼの），念做「akebono」。

選題。

三百三十一位女工，成功訪得三百十三人，其中日本籍六人、中國籍七人，台灣籍壓倒性的多，有三百人，所以，整個問卷調查結果幾乎可以一窺一九三〇年台北台籍職業婦女的內心世界。三百位女工中，四分之三住在大稻埕，所以，問卷也可說是一張大稻埕女性喜怒哀樂的素描。

煙草女工的模樣，不妨從知名小說《浪淘沙》作者東方白的回憶一窺。一九三八年東方白在大稻埕出生，上有兩個姐姐，媽媽婚前曾在台北煙草工場上班，推估起來，不出一九三〇年前後。東方白在《真與美》曾說，待字閨中的媽媽在煙草工場上班，「賺錢添了衣裝，經常兩個蓋耳的雲髻，宛如盛開的花朵，也難怪父親一見生情了。」

女工的年齡以二十到三十歲最多，佔一半以上，三十到四十歲居次，約七十人，二十歲以下有四十四人，四十到五十歲有三十四人，五十以上才四人。用現代的標準看，四十以下的「年輕」女性有兩百七十幾位之多，雖然當時的四十歲可能已是祖母。

這群女工的教育程度，最高的是靜修女學校（今靜修女中）初等科畢業，有五人。公學校（小學）畢業的有一百零四人，東方白的母親就屬公學校畢業。沒念書的有一百五十二人，公學校念過幾年未畢業的則有四十五人。

她們多半已婚，有兩百二十九人是別人家的媳婦、媽媽和太太，而且，七成在二十歲以前就已經被嫁掉。

煙草女工還被問了先生的職業、有幾個小孩、綁過小腳嗎、住哪裡、上班花多少時間、信仰什麼神等等，人事背景問過一大圈之後，開始問她們情意志種種，答案就有趣起來了。

第一個問題，誰是最偉大的古人，結果，孔子榮登第一。一九二五年，台北士紳開始倡建現今台北大龍峒的孔子廟，前後建了十幾年，才逐漸達到現在的規模，煙草女工應該多親睹了孔廟從無到有、偉大逐漸被具象的過程。

緊追在孔子之後的是孔明，比第三名的明治天皇還偉大。接下去，孟麗君竟與孫逸仙、大正天皇、豐臣秀吉同票，可能與那一年年初的熱門電影有關。台北良玉影片公司進口中國電影《孟麗君》，元旦假期開始上演，大受歡迎。孟麗君是元代戲劇裡的才女，因未婚夫被陷害，女扮男裝赴考，官拜丞相。後來皇帝知道她的身分，想納為王妃，聰明的孟麗君精心設計，化解危機，最後與未婚夫終成眷屬。孟麗君兼具貞潔與能力，在三〇年代，確實有吸引職業婦女崇拜的特質。

上

台北煙草工廠女工絕大多數是台灣人，且多住在大稻埕。她們年紀從十幾歲到五十幾歲都有，年紀稍長者總規規矩矩梳著典型的台式包頭。

下

台北火車站後方的煙草工場是戰前女工最多的工廠，有近五百位台灣女性，負責捲菸和包裝等工作。她們和今天的女性一樣，害怕土石流，歡喜孩子聽話上進，希望工作能力受肯定。

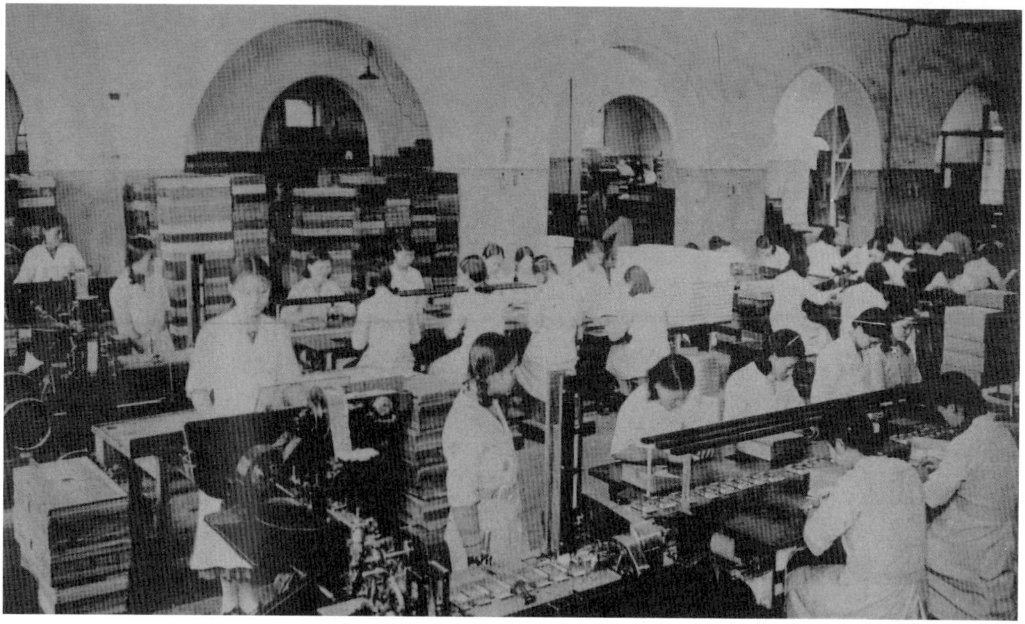

台北煙草工場的工場長三松經次在女工心目中，比天皇還偉大。

問完古人，改問最偉大的今人是誰，答案叫絕；答案裡的第一名令人拍案叫絕；有六十九位煙草工場女工，認為她們的頂頭上司、那個姓「三松」的工場長是最偉大的人。如果答案不是出於女工們的狡慧或幽默，台灣歷史倒應該好好研究一下這位最偉大的工場頭頭，他到底做了什麼，讓台灣女工認為他比昭和天皇還偉大。

當代人說蔣介石，有的痛罵「獨裁者」，有的拜為「民族救星」，在一九三〇年十四位煙草女工的心中，蔣介石則是最偉大的人。可能之前幾年，蔣介石率軍北伐，打倒北洋政府，統一了中國。

在日本統治之下，煙草女工口中的偉人還有大發明家愛迪生、建立義大利法西斯政權的墨索里尼、研發飛行船的德國伯爵齊柏林，多少反映出當時台灣人對中國、對國際事務有所了解，不是一個封閉的島嶼。

問卷調查有一大項，連問了女工最害怕的、最辛苦的、最開心的、最有趣的、最生氣的、最傷腦筋的事，一個問題往往有多達六、七十個答案，豐富而散發時代的風情。例如，淹大水和火災是女工們最害怕的事，很容易理解，但過馬路時，有自動車（汽車）跑過來，竟然比地震、打雷還可怕，就有點奇妙了。當時台北市有二十五萬人，汽車八百多輛，說多不多、說少不少，問題是，沒有紅綠燈，沒有斑馬線，只有左側通行的告示牌，行人和汽車隨時都有可能隨處竄出，互相嚇到對方，然後發生「衝突」（日語用法，意指相撞出車禍）。

又例如，以前台北市街集中在艋舺、大稻埕和城內，以外的區域入夜即暗，不像現在幾步即有一盞路燈，婦女就很害怕走在黑夜的田間小路，與陌生人擦身而過。

關於最辛苦的事，有八個人回答「念中文」。既是已就業婦女，怎需要再念中文？原來是煙草工場內有設漢文班，供員工下班後進修，一天一小時。一般對日本時代有個籠統印象，以為殖民統治者搞皇民化，漢文被壓抑，事實上，日本時代有五十年，內裡有許多轉變，社會面貌相差頗遠。

東方白的母親就曾經「報名參加了」漢文班，在那裡，她念過《千家詩》。東方白說，「從我有記憶開始，幾乎每天早晨一等我父親下床，還慵懶歪在床上的母親就翻開她那一冊長久珍藏的《千家詩》，怡然自得地吟誦起來」，她「吟到忘我」，東方白則「聽得如痴如醉」。

從問卷結果看，古今的媽媽都是一樣的，生命裡最珍重的莫過於孩子。孩子放縱最讓女工媽媽們生氣，小孩聽話則在「最有意思的快事」一項目中拿第二高票。對將來的希望，第一是「像現在這樣一直工作」，第二就是「多子多孫」。

台灣專賣局本局位於今台北市南昌街口。

對工場設施的期待，有六十七人不約而同說，「希望讀書室能分開男女」，比裝電風扇、設乒乓球桌還盼得急切。這個答案現在看來，有些噴飯，不過，這也是如假包換的第一高票答案，讓人不得不相信她們的態度是非常嚴肅與莊重，也不得不感受社會風氣已經如天崩地裂改變過。這群心上刻著「男女授受不親」聖誨的女性，假如走進現代，眼睜睜看見捷運手扶梯上，年輕男女扶肩抱腰，吻了又吻，不知道會不會當場昏過去？

長長的問卷末了，還有一趣，問女工們最愛吃什麼。最特別的是有十個人回答「牛奶」。其中意味著牛奶頗為普及，而相較於戰後才普遍的豆漿，台灣人的餐桌上，牛奶來得早多了。

現代要探知社會人心的真實狀態，有網路和電話種種快速的辦法。日本時代，電話是有的，但沒聽說誰動過電話民調的腦筋。那時候的統計已經非常發達，人口、案件、車輛、教育程度、進出口都有數字，但裡頭沒有人聲、沒有感情。相形之下，一九三〇年煙草工場的問卷調查稀有又珍貴；透過問卷，我們聽到年輕女性直率的傾吐，句句洋溢著那個舊時代的感性。

1930年煙草女工的世界

資料來源:《專賣通信》昭和6年(1931)

最偉大的古人是誰?

答案	人數	註解
孔子	56	
孔明	28	
明治天皇	26	
北白川宮能久親王	12	1895年率近衛師團攻台病歿,台灣各地廣建紀念碑,成為學生參拜處所
乃木希典大將	12	日俄戰爭名將,攻下旅順,迫使俄軍投降;亦為第三任台灣總督,明治天皇逝後,與妻子一起殉死
鄭成功	11	
釋迦	8	
神武天皇	5	第一代天皇
五穀先帝	5	即神農大帝
大正天皇	4	
楠正成	4	14世紀的武將忠臣,明治時代起尊稱「大楠公」,皇居前有銅像
豐臣秀吉	4	
孫逸仙	4	
孟麗君	4	元代戲劇裡的才女,未婚夫被陷害,女扮男裝赴考,官拜丞相。皇帝後想納為妃,她聰敏設計,化解危機,並與未婚夫終成眷屬
薛仁貴	4	唐朝名將,民間以其為本,編出薛平貴與王寶釧的戲劇

今人中，誰最偉大？

答案	人數	註解
三松工場長	69	三松經次
昭和天皇	54	
石塚總督	39	石塚英藏總督任內（1929～1931）完成嘉南大圳，也爆發霧社事件，1931年初為此下台
濱口雄幸 內閣總理大臣	36	1929～1931年任日本首相
蔣介石	14	1927～1929年任國民革命軍總司令，打敗北方軍閥，中國統一
昭和皇后	13	
井上大藏大臣	11	井上準之助（1869～1932），曾任日本銀行總裁，20年代兩度出任大藏大臣
東鄉平八郎 大將	11	日俄戰爭（1904～1905）中任聯合艦隊司令官，打敗俄國，成為日本的戰爭英雄
愛迪生	10	
墨索里尼	8	1922年建立義大利法西斯政權
若槻禮次郎	7	1926～1927年初任首相，1931年再任首相
奧脇主任	7	
池田局長	7	專賣局長池田藏六
煙草課長	4	
齊柏林伯爵	4	德國人Zeppelin伯爵，研發製造飛行船而聞名

最高興的事

6月1日專賣紀念日的餘興活動	59
看電影	26
小孩天真	19
城隍爺祭典遶境	17
賞花	14
乒乓球比賽	10
看飛機表演飛行	9
看歌仔戲	8
看划船比賽	7
看跳舞	6
看公學校運動會	5
看到老虎	5
第一個孩子剛會走路	4
到海邊散步	4

最有意思的快事

拿到年終獎金	30
小孩聽話	16
新年聽到鞭炮聲	14
家庭圓滿	11
加薪	10
回娘家	10
善行被表揚	7
小孩長大	7
到南部旅行	7
與親友久別重逢	7
拿到全勤獎	6
很健康天天工作	6
拿到薪水	5
小孩生日	5
參加朋友的結婚典禮	5
月夜乘船和散步	5
自認比別人工作能力強	5
第一個孩子學會講話	5
買了漂亮的布料	5
生兒子	5
6月1日紀念日那天	4
接近元旦時	4
工作優異被讚美	4
城隍爺祭典那天	4
父母親生日	4
長孫出生	4

最恐怖的事

暴風雨洪水	31
鄰近有火災	28
帶著證人來調查偷菸草的小偷	14
過馬路時車子衝過來	13
地震	12
打雷	10
夜晚在鄉間小路撞見人	10
目睹被殺的人	9
看見流氓打架	9
看見瘋子	7
小偷闖進室內	7
傳染病流行	7
遇見流氓	7
聽到有小偷侵入的事	6
年幼的孩子去河裡玩	6
被狗狂吠	5
聽見可怕的事	5
看見大蛇	5
爆竹工廠爆炸，看見死傷慘狀	4
惡夢	4
看見溺斃的人	4

最艱辛的事

生活費不夠	29
生病	29
沒有	27
生病無法上班	14
剛來上班試用	12
抱病上班	11
小孩生病	9
下雨天上班	8
父親過世	8
念中文（按，煙草工場設有漢文班，下班後上一小時）	8
大熱天做事	7
7點聽到火車汽笛聲響而快跑的時候（按，煙草工場7點上班，5點下班，一天工作9小時。午休半小時，午前9點和午後3點各休15分鐘。一個月休2日與16日兩天）	5
遲歸	5
孩子過世	5
年幼而喪父喪母	5
上班時下大雨	4
丈夫去世	4
和親友分別	4
工作時生病	4
丈夫與病魔纏鬥	4

最生氣的事

小孩任性放縱	62
被說壞話	55
丈夫有情婦、買娼婦等放蕩行為	10
金子被偷	8
打架	7
睡不著	7
工作常做不好	6
被人瞧不起	6
小孩不認真念書	6
因有偷菸嫌疑，朋友被帶去專賣局本部	5
朋友無情	5
家庭不和	5
看見別人不孝	4
洗衣服之後下雨	4
丈夫不工作	4
被上司罵	4

未來的願望

像現在這樣，一直工作	86
多子多孫	43
家庭生活圓滿	42
存錢	23
為工場盡力	21
孝養	16
職業婦女	10
努力升遷	7
存錢旅行	7
小孩長大	6
文學婦女	5
家人健康	5
女兒結婚	5
賢婦人	5

娛樂

裁縫	58
散步	38
音樂	36
電影	28
看戲	23
聽唱片	20
讀書	17
乒乓球	15
刺繡	11
聊天	8
和孫子玩	7
聽廣播	7
賞花	5
唱流行歌	5

喜歡的食物

水果	28	仙貝	8
青菜	18	龍眼乾	8
赤鯛	17	蜜柑	7
桃	16	蘋果	6
豬肉	15	西瓜	6
魚	12	白柚	6
烤肉	12	梨	6
牛奶	10	西洋料理	6
鳳梨	10	蛋	4
香蕉	10	杏仁豆腐	4
菓子（零食、小點心）	9	台灣料理的三絲園（按，無法判讀三絲園是何種食物）	4
雞肉	9		

懷念的鐵路便當

北海道名寄市原有全日本最北的鐵路便當，日夜守護，歷經四代。即將屆滿一百年之前，卻因老闆要照顧生病的太太，不得不熄燈休業。覆雪的月台，將不再有「便當、便當」叫賣聲，陪伴旅客孤獨的腳步。

現在台灣人大口吃便當，以「便當」來指稱飯包，就從日本來的，源於日本統治台灣的年代。

日本時代的便當寫做「辨當」或「弁當」，是日文的漢詞。日本時代，台灣人直接借用不少日文漢詞，例如「見本」（樣本）、「口座」（銀行戶頭）、「注射」（打針）等等，再以福佬話發音，而不流行轉換成適當的中文翻譯。「辨當」也是如此，頻繁出現在當時的中文書寫裡。

「便當」兩字，雖未普遍，戰前倒也已經出現。一九一一年，台南一家糖蜜會社，十幾個員工，有台灣人，也有日本人，興致勃勃跑去安平海邊，辦了海灘運動會。當時，中文報紙就報導說，老闆和職員「均帶便當。充為午飯」。

從東京搭新幹線，五十分鐘可到的宇都宮站，站前可看到大大的看板強調那裡是「駅弁」的發祥地。

日本的「鐵路便當」，他們專稱「駅弁」，「駅」是「車站」，「弁」就是「弁當」。日本第一個駅弁於一八八五年由栃木縣的宇都宮駅賣出。當年日本開通東京上野到宇都宮的鐵道，鐵道會社請求站前白木屋旅館製作販售。便當形式很簡單，竹片包著兩丸飯糰加黃蘿蔔乾。便當價格五錢，跟鰻魚飯賣十錢比起來，被認為並不便宜。今天，到宇都宮站，還可以看見便當包裝強調是從「駅弁發祥地」賣出。

台灣的鐵路便當起於何時，難以確認，不過，鐵路各站的便當菜色，報紙提供了一點線索。一九一四年，報紙評比了桃園、苗栗、新竹和台中四站的便當，仔細記錄菜色。前三者大同小異，以桃園站便當來說，用的是日本米炊的飯，配菜有炸土魠一片、鹽煎旗魚一片、炸筍兩片、煮豆少許、鰻魚八幡卷一個和醃漬蘿蔔兩片。台中站便當稍微不同，煮物一片、煮藤豆（類似豌豆）、魚板三片、蒟蒻兩片、蓮藕和醃漬蘿蔔各兩片來搭配白飯。看得出來，當時的鐵路便當全然和風。

以前有在月台叫賣的鐵路便當，像一九一〇年代，打狗（高雄）站的便當，曾由日式料理店「滋養亭」承辦。另一種鐵道便當出自火車站附近的旅館和餐廳，像新竹站前，就有一家塚迺屋旅館，聲稱是鐵路便當的「元祖」（鼻祖）；不過，究竟是新竹當地或全台的第一家，不得而知。而台北一九一一年，新竹著名旅館「塚迺屋」登廣告自稱是火車便當的始祖。

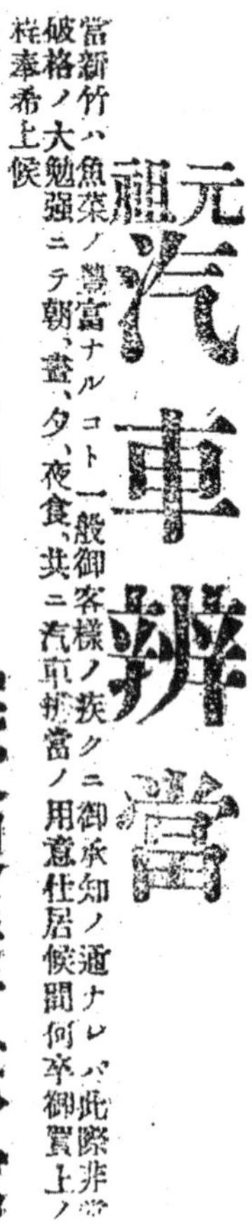
元祖汽車辨當
當新竹ハ魚菜ノ豐富ナルコト一般御客樣ノ疾クニ御承知ノ通ナレバ此際非常破格ノ大勉强ニテ朝、晝、夕、夜食、共ニ汽車辨當ノ用意仕居候間何卒御買上ノ程奉希上候
新竹驛前　塚迺屋旅館

三張圖由上而下分別是一九一〇年前後的桃園、台南和打狗（高雄）火車站。

市最高級的西洋旅館「臺灣鐵道旅館」則調製了洋式便當，旅客預訂，即送到火車站內。

洋人吃的鐵道便當該是什麼樣子？台灣前輩畫家奉為老師的石川欽一郎一九二二年到歐洲訪遊，他畫筆下的便當小販，揹著圓盆，胸前滿是誘人口水的餐食。石川欽一郎還表示，各國鐵道便當以義大利最便宜，內有兩個圓麵包、半熟的蛋兩個、三條大香腸、起司一大片、水果，再加一小瓶葡萄酒。

台灣進入三〇年代後半期，因日本侵華，社會大變調，鐵路便當則小突變。一九三八年七月七日，「蘆溝橋事變」滿一年當天，台灣的火車站統一推出「愛國辨當」。平時在月台叫賣的普通便當、炒蕎麥麵、炒米粉，一律禁絕，只准賣這色便當，裡頭只放白飯糰、梅干和黃蘿蔔乾。

日本便當都是冷的，經歷五十年統治，台灣人已慢慢習慣吃冷便當，這個飲食文化卻和戰後大陸移來的外省人不同。前工業委員會化工組組長嚴演存在《早年之台灣》回憶說，外省人「生活習慣也和本省人不盡相同。例如台灣人中午吃便當，外省人一般非吃熱飯不可」。

祖籍江蘇、生於北京的作家張天心（一九二四年生）在「便當之戀」文中也寫道，來台前，他「不但沒有吃過『便當』，也從來沒有聽過『便當』這個名詞。」第一次在台灣吃便當，是一九五〇年代的事，而且在火車上吃的。沒想到「蓬萊米飯是那樣柔軟清香，炸肉片或炸魚片是那麼酥脆鮮嫩」，而黃蘿蔔「看起來有點像化了粧的鄉下大姑娘，顯得太鮮、太豔，可是吃到嘴裡又脆、又甜、又下飯」，後來，他「每坐一次火車，便吃一次便當」。

兩個不盡相同的飲食文化，慢慢，一個接受了便當，一個揚棄了冷飯，兩者調合出來的，就是我們現在吃到的溫熱的便當、一個具有台灣特色的便當。

一日一商

●驛の呼賣

「煙草ー正宗ー」と一種妙なアクセントでプラットホームを賣歩るく臺北停車場には居ないがつい此の間までは艋舺驛では列車發著によく見たもんだ、併し此の頃は何か取締りでも嚴しくなつたか餘り見受けなくなつた何にしろスーと止まつてピーと出る瞬間の行商だから中々忙しいそれ煙草やれ酒と車窓の手と手に賣つて行くまゝ殘る煙りが癪の種で金錢を受取らぬに列車は遠慮なくおさらばを極める事があるさうかと思ふと剩錢を渡さぬ中に發車して飛んだ拾ひ物をする事もある內地ではいざ知らず當地でも少し大きな驛になると毎日の賣上げ平均五六圓は大丈夫あるさうだ中にも其の驛の名物例令へば新竹の蜜柑賣りなどは景氣の好い日になると十圓以上を賣るとの事である名物以外には普通鷄卵 煙草、酒などを首にかけた箱に入れて賣つてゐるが酒は正宗と覺れたか白鶴でも澤龜でも正宗々々で通して居る內地人は全島各驛の物賣中約二割で他は皆本島人である

一九一〇年代的報紙以漫畫描繪月台邊的小販。小販叫賣香菸、酒，也推銷各地土產，如蜜柑、枇杷和雞蛋，總是急急忙忙由車窗口遞給來去匆匆的旅客。

1914年的台灣鐵路便當

車站	菜色
桃園站	日本米飯 炸土魠一片 鹽煎旗魚一片 炸筍兩片 煮豆少許 鰻魚八幡卷一個 醃蘿蔔2片
苗栗站	台灣日本混合米飯 炸豬肉2片 煎蛋一片 煮鯛魚一片 魚板一片 煮豆 煮蘿蔔2片 黃蘿蔔乾2片

車站	菜色
新竹站	台灣日本混合米飯 鹽煎烏魚一尾 魚板一片 牛蒡炒豬肉 煮豆 豌豆莢 黃蘿蔔乾兩片
台中站	台灣米飯 煮物一片 煮藤豆大2個 魚板3片 蒟蒻2片 蓮藕2片 醃蘿蔔2片

烤鴨該怎麼吃？

烤鴨該怎麼吃？

日本時代，台北有個叫吳江山的人，先在「東薈芳」當大廚，後開「江山樓」當老闆，這兩家有藝妲歌聲的酒家餐館，從一〇年代到三〇年代，其菜之好，不數一也當二，特別江山樓標榜「臺灣料理」，和「蓬萊閣」餐樓做廣東菜和四川菜，同享盛名卻各有擅場。

從吳江山遺留的二〇年代食譜，有道烤鴨稱之「掛爐燒鴨」，鹹菜塞進鴨肚子，外塗醬油，以燒紅的炭烤四十分鐘，即可片肉上桌。要吃的時候，以兩片吐司相夾。食譜裡，有個奇妙的材料跑出來了，吳老闆說，吐司要先塗「番茄醬」。

吃烤鴨，不塗甜麵醬，不配青蔥，反配鹹菜、塗番茄醬，此刻從文字上聞起來，味道就有幾分詭異。不論美味與否，當時採用番茄醬，應該有幾分實驗與創新的味道。

八〇年代，麥當勞等美式速食店紛紛進軍台灣，吃薯條要沾番茄醬。

江山樓舊址在今大稻埕的保安街，戰前是台北數一數二的大酒樓。樓面的招牌「ライトビール」是高砂麥酒株式會社（建國啤酒廠前身）所販售。日本時代，各廠牌啤酒競爭激烈，知名酒樓和餐廳的門面，多被啤酒廣告攻佔。

江山樓
KANG SAN LAU
ライトビール
ライト麦酒
江山樓

臺北麗澤鄉友會
發會式紀念寫真
江山樓
高砂
麥酒

三〇年代，可果美番茄醬和可果美醬汁的小型廣告常見於台灣報紙。

熱狗、披薩也要番茄醬，番茄醬的角色逐漸加重，又老跟西方食物一起出現，好像是當代的新調味料，事實不然，日本時代，除了名廚在用番茄醬，番茄醬的名牌「可果美」也已經販售來台。

一九三〇年代，可果美頻繁在台灣刊登小圖廣告，當時並不叫「可果美」，而是使用日文的「カゴメ」，做為商品名，念音近似「卡夠咩」，歷

明治到大正時期，日本陸軍禮服的軍帽頂有五角星徽。

史已超過百年。

十九世紀末，可果美的創辦人蟹江一太郎從陸軍退伍時，長官西山中尉對他說，你家養蠶，但以後的農業不一樣了，不妨栽種西洋蔬菜試試看，蟹江便開始嘗試種番茄和高麗菜、芹菜、萵苣等西方蔬菜。擺到市場去，其他菜慢慢賣掉，唯獨番茄總是頑強留在原地。

當時，不要說日本人不習慣生番茄的氣味，連洋人也不大生吃番茄，而是把番茄煮熟當調味料。蟹江為了改變番茄冷肅不可親的面貌，專程跑去名古屋請教西餐主廚怎麼做番茄醬汁（tomato sauce，非番茄汁，也不是番茄醬）。一九〇六年，研發成功，蟹江便正式設廠，加工製造番茄醬汁。兩年後，番茄醬也開始生產了。

可果美最早的商標採用日本帝國陸軍的五角星星圖案，遭人質疑，之後變形為六角星星。這枚六角星由兩個相倒的三角形交疊而成，模樣剛好很像手編竹籠或竹籃的花紋，日文叫「籠目」，發音正是「卡夠咩」，可果美之名即由來於此。

一九六三年，可果美捨棄星星商標，改成紅番茄內有英文字母「Kagome」。四年後，可果美在台南設立分公司，台灣人此時買的瓶裝可果美番茄醬，已不復見星星商標。

可果美的六角星商標如竹編籠子交織的花紋，日文稱「籠目」，可果美就把籠目的念音「Kagome」轉成商品的名稱。

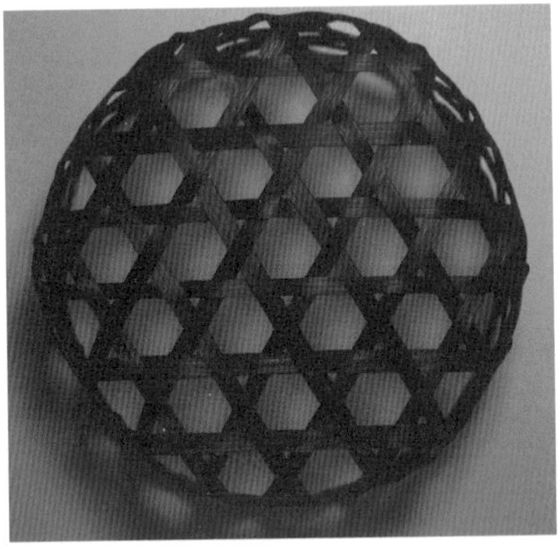

一九四一年十二月，台灣新文學之父賴和醫生無故被日警被拘留五十天，他又失眠又暈眩又曉瀉又淚流，悽愴之餘，唯有餐水「略一慰」。第十八天，他在日記寫道，「午飯キヤチヤプ（按，番茄醬）炒的，頗可口」。能如此撫慰獄中的賴和先生，大概也是百年來，番茄醬最可貴的一次出演。

愛鄉愛土全民票選台灣八景

日月潭在中國觀光客心中的夢幻地位，都市高樓或寶物殿堂都難以並比。隨著陸客如潮般湧來，日月潭的姿態更不凡了。花火音樂會、馬拉松賽，不斷簇擁著日月潭，丹麥手繪名瓷也以她為題，推出紀念盤。介紹幽美的日月潭，大家都不忘補一句——日月潭是台灣八景之一。

戰後，南投文獻會曾選推南投八景，台灣省政府也定過台灣新八景，日月潭都榜上有名。三百多年前，清廷勢力還侷限在台南地區時，就有所謂的「台灣八景」，但各勝地只集中南瀛，未關照全台。日本時代開始，日本新客和台灣傳統儒紳也拚命造各種「八景」，有人推出台北八景的風情照，也有人作畫題點圓山八景、竹塹八景等等，但仍屬個別文人的雅興抒發。大家選八卻不要九大或十勝，其道理莫名。不過，一九二七年，一場全台民眾票選台灣八景的現代化活動，才真正為當前大家熟悉的台灣八景寫下最初的版本。

那一年五月，受到《大阪每日新聞》舉辦票選日本八景刺激，《臺灣

臺灣八景投票者之賞品與紀念品

社告

本社募集中之臺灣八景。對彼投票者。以左記方法。贈呈紀念品與賞品。

贈呈紀念章

投票截止。對彼決定臺灣八景候補地二十景之投票者。每一景嚴密抽籤。抽出投票三張。對該投票者。贈呈紀念章。即每一景各三名。二十景。總計六十名贈呈紀念章

贈呈賞品

照投票確定臺灣八景候補地二十景。附諸審查委員會嚴密審查。將臺灣八景。選擇決定。對此八景之投票者。每一景由嚴密抽籤。抽出一等至五等之投票。對該投票者。贈呈左記賞品。

一等　金腕時表（一個）
二等　上布（一反）
三等　債券（拾圓券壹枚）
四等　債券（五圓券壹枚）
五等　鬧鐘（一個）

即對一景贈呈前記賞品。八景即金腕時表八箇。上布八反。其他三等八組。四等八組。五等八組。各以爲贈。藉表微意。

臺灣日日新報社

票選八景活動一開始，臺灣日日新報社公布獎品，有金錶和鬧鐘等，也送紀念章。

日日新報》刊出「社告」，廣徵天下投票。六月十一日起，在今衡陽路和中華路口的報社門前，出現一個胸高的投票箱，箱後有一個大看板，椰子樹影上方寫著「真正足以代表台灣的風景」、「請投票選出台灣八景」，此後有一整個月的投票時間。

這場投票可以用任何的紙張，但不能比官方印製的明信片大。每一個人要投多少票都無所謂，沒有限制，但是，每張票上只能填寫一個景點。

像有獎徵答一樣，此番活動也設獎品。從投給八景的票中，每一景抽出五個人，分得五個獎，其中一等首獎是金手錶，二到五等獎品分別是布料、十圓債券、五圓債券和鬧鐘，跟二十年前的彩票（彩券）頭彩獎金五萬圓相比，就知道不算吸引人，不足以誘發投票慾望。但結果卻超乎想像，竟倒出三億六千萬張票。那時全台有四百萬台灣人、二十萬日本人、三萬多中國人，換句話說，平均一個人投出八十幾張票之多。

白熱化的投票，多少是愛鄉土的競爭心給炒出來了。報紙每一天固定在登排行榜，前四十幾名的地點和票數一目了然，排名卻風雲難測，如搭雲霄飛車。日月潭第一天得票爆高，衝到第一名，最後落到第十一。六月下旬直到二十六日，太平山還在前二十名榜外，二十七日起一路挺進，二十九日即躍登第一名，一眨眼，龍頭寶座卻又易手。知名的北投溫泉勝地

在投票截止前三天，還居第十二，最後卻狠狠被甩出二十名以外。排名如此高低起伏震盪，輸人不輸陣的心理因而天天被蒸得熱騰騰，郵差每天送來一包一包麻繩綁的選票包裹，總投票數如沖天炮，無止境似的往上衝。

七月十日投票截止，報社職員面對高築的票，日夜揮汗，一時仍整理不完，直到七月底才告完畢。排行榜公布，自是幾家歡樂幾家愁，不過，

主辦的報社特別在報社外做大看板，畫上有南方風情的椰子樹影，寫上「真正足以代表台灣的風景」、「請投票選出台灣八景」，前面再放投票箱。

民眾對票選八景活動反應熱烈，投票明信片一包一包寄到報社，報社員工每天揮汗整票計票，投票截止後快二十天，才統計完畢。

報紙每天公布新的得票記錄，排名前二十的景點，天天洗牌變換。

此時未登八景的日月潭卻不到最後絕望之地。到此為止，只是第一階段的「民調」出爐而已，必須再經第二階段的專家審查，才是最終結果。

整個選拔辦法頗為嚴謹，報社發表二十二位審查委員的名單，有台灣美術史必談的畫家石川欽一郎和鄉原古統；有設計日本基督教會（今濟南長老教會）和臺北公會堂（今中山堂）的總督府建築技師井手薰；還有地位類似今天華航或長榮航空公司總經理的大阪商船會社及近海郵船會社兩

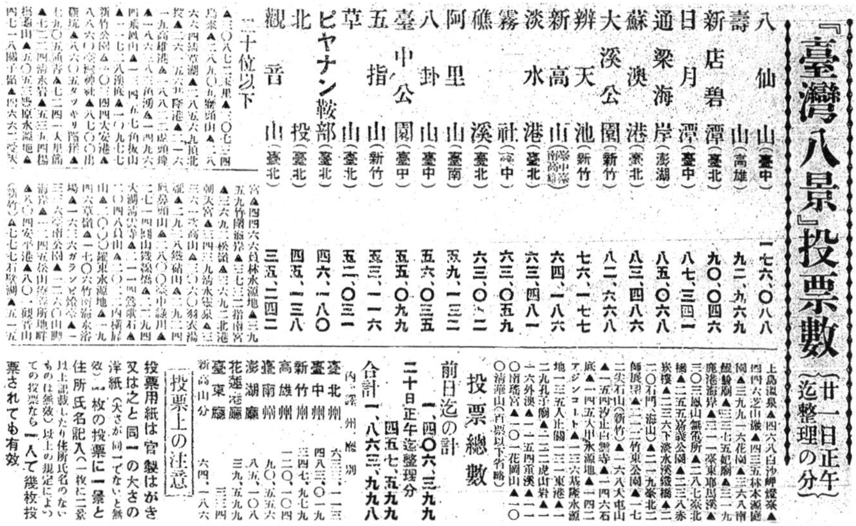
『臺灣八景』投票數〔廿一日正午迄整理の分〕

八仙山	(臺中)	一七六、〇八八
壽山	(高雄)	九二、九六九
新店碧潭	(臺北)	九〇、〇四六
日月潭	(臺中)	八七、三四一
通梁海岸	(澎湖)	八五、〇六八
蘇澳港	(臺北)	八三、四八六
大溪公園	(新竹)	八二、六六八
辨天池	(新竹)	七六、一七七
新高山	(臺中臺南高雄)	六四、一八六
淡水港	(臺北)	六三、四八一
霧社	(臺中)	六三、〇五九
礁溪	(臺北)	六三、〇〇二
阿里山	(臺南)	五九、一三二
八卦山	(臺中)	五六、〇三五
臺中公園	(臺中)	五五、〇九九
五指山	(新竹)	五三、一一六
草山	(臺北)	五二、〇三一
ピヤナン鞍部	(臺北)	四六、一八〇
北投	(臺北)	四五、一三八
觀音山	(臺北)	三五、二四二

二十位以下

投票總數

前日迄の計 一、四〇六、三九九
二十日正午迄整理分 四五七、五九九
合計 一、八六三、九九八

內、諸州廳別

臺北州	六三三、一一三
臺中州	四八三、〇一九
新竹州	三四七、九七九
高雄州	一二〇、一〇四
臺南州	九〇、五五六
澎湖廳	八五、一〇八
花蓮港廳	三九、五九九
臺東廳	三三四
新高山分	六四、一八六

投票上の注意

投票用紙は官製はがき又は之と同一の大さの洋紙（大さが同一でないと無效）一枚の投票に一景と住所氏名記入（一枚に二景以上記載したり住所氏名のないものは無效）以上の規定によっての投票なら一人で幾枚投票されても有效

位基隆支部長；鐵道部跟旅客輸運有關，其部長也在委員名單內。勝景多山林，所以中央研究所的林業部長也獲邀。委員中還有陸軍中將、海軍大佐和警務局長，以今天的眼光看，就不知箇中道理了。

台籍評審只有一位；當時三十歲的林熊光出身板橋豪門，娶日本太太，小時候就讀過日本皇族學校「學習院」，東京帝大經濟部商業科畢業，雖經營火災保險事業，雅好收藏金石書畫古董，有名於文化圈。

專家組評選八景，也要投票，這部分佔七成分量，先前號召投票採集的民意，則佔三成。日月潭便在專家青睞下，逆轉搶進前八強，和八仙山、鵝鑾鼻、太魯閣峽、淡水、壽山、阿里山和基隆旭岡（是一山丘，即今中正公園，可眺望基隆港）一同上台領得八景獎狀。

八景揭曉，票積如山，報社公開在兩處展示，也很快抽出得獎者。從得獎名單看，選淡水的，都是淡水人，選太魯閣峽的，都來自花蓮在地民眾。台北人不會白白把票投給壽山，選壽山而抽得獎品的，全是高雄市民。最好的風景，永遠是家鄉

台灣日月潭
松山寫眞部

上——戰前到日月潭旅遊的典型紀念照，一定要和獨木舟、搖槳的水社原住民婦女一起入鏡。

下——日本時代，日月潭之勝，其一就是聆聽原住民敲得咚咚響、聲調高高低低的「杵歌」。

的，這種投票心理，令人莞爾。

整個八景投票充分騷動民間的熱情，不是抽完獎就完了，還有一場別緻的餐聚壓軸。

九月八日六點，夜色來臨前，報社在台北火車站前的鐵道旅館設宴答謝審查委員。踏進一樓的大餐廳，中央擺了大大的長方桌，上擺了台灣的模型，八景所在地各有小電燈亮著。圍著台灣模型，主客紛紛落坐。鐵道旅館為純洋式飯店，做的是法式料理，今夜特別以八景為題，做了一桌八景宴。

八道菜依序上桌，像似舉著八景名牌進場，各有代表——

雜肴：基隆旭岡

濃羹：日月潭

鯛蒸燒：淡水

牛鐵內焙燒：八仙山

雞肉冷製：太魯閣峽

龍髭萊：鵝鑾鼻

水果：壽山

洋果果實：阿里山

雖然「龍髦萊」是什麼，難以考證，濃羹以什麼食材為底，也不知道，但一場以山海美景為題的夜宴，面前有袖珍的燈光綴亮迷你的台灣，即使在室內，牛排也能如山而迎風，蒸鯛魚也夠似夕陽而灑光，為民間一場愛鄉愛土的盛會，記上一個微笑的句點。

審查委員會の決定

神域 臺灣神社
靈峯 新高山
（以上別格）

臺灣八景（イロハ順）

八仙山（臺中）
鵞鑾鼻（高雄）
太魯閣峽（花蓮港）
淡水（臺北）
壽山（高雄）
阿里山（臺南）
基隆旭ケ岡（臺北）
日月潭（臺中）

臺灣十二勝（イロハ順）

八卦山（臺中） 草山北投（臺北）
角板山（新竹） 太平山（臺北）
大里簡（臺北） 大溪（新竹）
霧社（臺中） 虎頭埤（臺南）
五指山（新竹） 旗山（高雄）
獅頭山（新竹） 新店碧潭（臺北）

民眾票選結果加上審查委員評分，台灣八景才完全確定。

一九三三年雙十國慶在台北

柯圭，一個寒微的苦力，自一九〇〇年離開福建來基隆，晃眼已經三十寒暑。僱用他的「南國公司」，用現在的話說，就是外勞仲介商，而且還是唯一臺灣總督府授權合法的業者，專門引進中國勞工到台灣。前一年，來臺北州的華工就有九千多人，回去七千多人。三〇年之前沒有客機，入出島嶼都靠輪船，所以，平均每天有四、五十個華工在基隆港進進出出。這些辛苦的同鄉背影來來去去，柯圭想必看多了。一九三〇年三月二日，禮拜天，終於換他歸鄉了。

這一天清晨，鳳山丸早已停在基隆港，準備起錨往南中國去。柯圭來台灣時，三十初頭，如今六十一，蒼蒼一老翁矣。朋友好意引領他去搭船。才出海關，不料，他突然暈倒，且一倒不起。報紙小小一隅，簡單幾行說了柯圭的故事，如墓誌銘，要為他離鄉苦勞的一生，搶留一點爪跡。

像柯圭那樣，以外國人身分居留日本殖民地台灣，卻同顏同膚同語藏於無形，宛如台灣人的中國人，為數頗多，且逐年增加，一九三六年達到

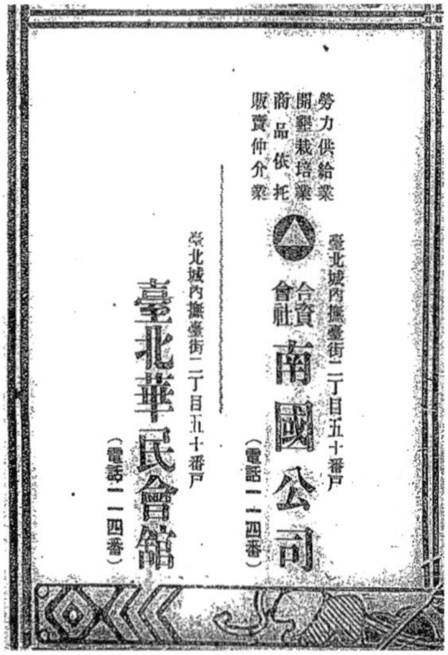

南國公司由日本商人主持，專門引進中國勞工到台灣。圖為一九一五年的廣告。

高峰。一九二〇年，全台華工有兩萬人，一九三〇年達五萬人。具象點說，三〇年站在街上，一眼望去，一百個人裡頭，大約就有一個是中華民國的國民。

一〇年代，台灣勞動市場，「一律不足」，有一年，基隆的煤礦區，就引進三百位華人進礦坑。華工有的摘茶，有的當木工、裁縫。中國來的人力車夫更是台灣車夫主力。十九世紀末，報紙說，台北的車夫，台灣人「寥寥無幾」，「清國泉州府惠安縣頭北鄉航海而來者居多」。

到三〇年代，不同鄉籍的華工各自在不同職業佔吃重比例。人力車夫多來自福建莆田、仙游。補鍋補傘的，多半是浙江溫州人。山東人身形清晰，多穿長袍，沿路賣布。福州人勢力最大，手藝好，手操剪刀、菜刀、剃刀等「三把刀」，為台灣人做裳、料理美味、清理煩惱絲。又如一九三七年爆發七七事變，日本挑釁，侵略中國，在台南的四千名華僑驚恐不安，走掉一千人，突然，台南的洋服店、鐘錶店就少掉六成，可見中國人在某些工商領域扮演重要角色。

華工以男性居多，女性也有。像專賣局製造香菸的「煙草工場」，有四百多個女工負責卷菸、裝盒，其中，至少有七位中國女性。

日本時代，中國人來台灣不只賺錢的勞動階層，也有留學生。蔣渭水在總督府醫學校時就有一位福州來的學弟，叫秦亨潤，自費來台習醫。民國前三年，清廷為要了解警察制度，也派過三個留學生來台，先進艋舺公學校，再升上警官練習所。其中兩人不堪辛苦，半途而廢，只有林培堃學成返回福建安溪。

中日關係始終好好壞壞，但在台華僑愈來愈多，僑界請求設總領事館的聲音還是得到呼應，一九三一年三月下旬，首任中華民國駐台北總領事林紹楠人已在福州等船，台北華僑也奔相約告，要去車站盛大迎接。台灣海峽風浪洶湧，拖延了一些時日，等船開出了海，還是「遲遲不進」。當時沒有手機，沒有臉書，一個不確定時間的迎接，其間奔波聯絡要流的汗、跑的路，無法計數。

二十七日都傍晚了，林紹楠終於登上基隆。台北僑界頭頭林揚川上前握手。林紹楠身穿黑色禮服，外套後襬長到快及膝，四十一歲，卻「一見如三十歲人」。他的鼻上有像哈利波特戴的ロイド（Lloyd）眼鏡。美國喜劇明星Harold Lloyd戴紅這種圓框眼鏡，日本以其姓稱呼，二〇、三〇年代並大流行。日本名作家大江健三郎現在還戴ロイド眼鏡。戰前台灣人的眼鏡，百分之九十九也是這一款。

基隆港邊，林紹楠在旗幟和僑胞熱擁下，先到知名的船越旅館二樓稍息，等候火車。此時，許多人來遞名片，忽地林紹楠就被請走，會基隆的僑胞去了。在台北火車站前這廂，報紙形容得誇張，「華僑及他群眾。雲屯霧集。宛然迎神。大有肩摩轂擊。擁擠不開之狀。」還原現場，其實景是站前廣場排了十幾部豪華汽車，人潮擠滿站內站外。台北華僑如此熱情，要迎的主神明卻不見蹤影，副領事袁家達只好硬著頭皮先搭火車進台北城。下了火車，人頭鑽動，看不見總領事，大家七張嘴有八個舌，議論紛紛。不過，既如迎神，就不敢有怨，報紙說，經過解釋，群眾「一同諒解而退」。

南京國民政府在台北前後有三任總領事，林紹楠來開館，郭彝民因七

右
一九〇三年，華僑初在台北設立僑民組織。

左
一九三七年，日本侵略中國，在台領事館刊登廣告，安排僑民返回中國。

廣告

臺北之創設華民會館者義在保護華民起見凡我華民寄留臺北者無論初來久寓士商工賈諸色人等應歸入本館認作會員自十月六日起廣告爲始限于一箇月內到館報明籍貫姓名里居職業由本館登錄名册給予會員章用作標記以便隨時稽查所有寄留臺北全廳下華民務必速到本館報明幸勿觀望遲延此佈

臺北華民會館謹告
大稻埕建成街三丁目新市場西

中華民國駐臺北總領事館布告

玆由本館租定英船羅若雷馬勒號一艘載送失業及願歸華僑預定本月廿四日起由高雄開赴厦門票價暫定三圓分在臺北市建成町一丁目三十番地丸福運送店鄭碧華及高雄（地址可詢問高雄中華會館）兩處售票此佈

戰前的台北火車站前廣場。圖右下方的鐵欄杆是鐵道旅館的屋頂，即今新光摩天大樓所在地。

一九三三年，雙十節慶祝會在鐵道旅館舉行，日方多位高層官員出席，中日以外的外國領事也都與會慶賀。

七事變後閉館，夾在其間的鄭延禧，任內中台關係最善，以一九三三年的雙十國慶酒會為高點。

現在台灣對雙十國慶的記憶，不出總統府前的閱兵、呼口號、排字，體育館的晚會高唱〈梅花〉，似乎屬於戰後的政治影像。然而，戰前台灣確實也慶過雙十，官方民間都有活動。

一九三三年的雙十節慶祝會不再窩在永樂町（迪化街一帶）的領事館舉行，而選在氣派堂皇的鐵道旅館，大概跟鄭延禧的留法氣質有關。從舊照片看，他的法國籍太太並未出席。

當天午前，客人紛紛抵達鐵道旅館。洋面孔的是美國、義大利的駐台領事，穿白色文官服的是日本官員。總務長官平塚廣義之外，有幾位法院首長蒞會；他們三人三「郎」，分別叫伴野喜四郎、大里武八郎、古山春司郎。臺北帝大總長（台大校長）幣原坦也出席了。

會場在一個大房間內，青天白日滿地紅國旗的旗面貼著牆斜垂下來。十一點四十分，主客五十幾人站立就緒，鄭延禧等中方人員面對日本官員，相隔一張桌子，從牆上的大鏡子，他可以看盡日本人的後腦勺。老邁卻不失高大威嚴的辜顯榮也站在他對面。台籍名客還有臺北茶商公會會長陳天來。陳的父親陳澤粟原是茶商李春生的廚師，有一年吃完年夜飯，有上——陳天來（前排右六）曾是臺北茶商公會會長，大稻埕商人組織的金融機關「稻江信用組合」（今瑞興銀行），他也是龍頭。
下——一九四二年，正值太平洋戰爭期間，中日是敵國，台北的一場動員遊行，宣揚「南方共榮圈」，卻出現「中華民國」的舉牌。此情此景其實並不奇怪，這時的「中華民國」指的是南京的汪精衛政權。

人密告陳澤粟偷竊，李春生一查，原來紙包著吃剩的鹹帶魚頭，陳澤粟捨不得丟棄，準備隔天早上配稀飯。李春生看陳如此節儉，日後刻意提拔。李家自陳家子弟緬懷父祖，每年陳澤粟忌日，供桌上必定奉上鹹帶魚頭。李家自二〇年代光芒漸褪，陳家反而家道日隆，此刻，更儼然與辜顯榮並列台籍士紳之首。

典禮開始，先由平塚總務長官致辭祝賀，接著鄭延禧致答辭，說完大家舉杯，平塚帶領大家乾杯，典禮就結束了。此時，錶指著十二點零五分。換句話說，典禮前後才二十五分鐘。典禮雖然簡單，但臺灣軍司令官松井中將破例與會，讓鄭延禧非常高興。

在台領事館慶祝國慶，僑民也辦慶祝儀式，從二〇年代初期就很盛大，常一聚會就三、五百人，日本官員也來參加。慶典活動包括唱國歌、聽演講、三呼「中華民國萬歲」，最後去酒樓聚餐。還曾組「數十台」汽車車隊在台北街頭遊行慶祝。到雙十這一天，開店的華僑會休息，店門口也懸掛國旗。只不過，僑社的雙十慶祝，二〇年代拿的國旗跟駐台領事館時期有一大不同。當時掛五彩大旗，一般稱「五色旗」，是中華民國北洋政府的國旗，旗面五條橫線，從上而下的顏色分別是紅黃藍白黑。

北洋政府一直為全中國代表，但一九二五年，國民黨在廣州另立國民

中華民國
泰國

日本時代台灣各地都有中國渡台來的裁縫師傅，於是斗六街上就可見「中華興裁縫店」這樣的招牌。

政府，南北對峙。一九二八年，廣州的政府北伐統一中國，北洋政府消失，台灣的僑界才不再張掛五色旗。

從在台華僑眼睛所看的戰前中國，就是家鄉，沒有太多倒向哪黨、忠於哪派的意識。他們雖然拿五色旗慶雙十，但看國內多難，如基隆僑領陳式三所說，其實「雖慶亦傷」。

一九三七年以後，中日開打，台灣華僑走了一些人，但還是有四、五萬人繼續留下。三八年二月一日，駐台總領事郭彝民搭香港丸離去，不到一週，華僑馬上開大會轉向日本扶立王克敏的「中華民國臨時政府」，太平町（今延平北路）又見五色旗飄揚了。

此後到戰爭結束，台灣華僑候面對的家國，有各種各地的政權。除了國民黨在重慶的國民政府，一九四〇年日本支撐的汪精衛南京「維新政府」統合了其他，汪精衛也愛青天白日滿地紅，所以，五色旗又不見了。

愛鄉容易，家鄉永遠在那裡，只有青山綠水；愛政權就麻煩了，它人變、旗幟換、主張又不同。可以想見，進入火熱的戰爭，在台華僑也進入另一種煎熬了。

鐵達尼船難消息在台灣

一九一二年四月十四日的凌晨，距離台灣千里外，黑漆的大西洋上，巨輪「鐵達尼號」原本沉穩的處女航序曲，剎那間變了調；冰山修改了音符，直逼她斷了魂。

葬身冰冷海底的無辜生命，超過千人，世界為之大震驚，餘波似乎長達百年之久。九〇年代，以船名為名的電影，重現災難場景，世人再次驚嘆。

看過電影，我的孩子提了一個問題，「那時候的台灣人知道鐵達尼船難的事嗎？」

沒有網路，沒有電視，答案要往報紙找。當年最大的報紙《臺灣日日新報》給了肯定的答案。有九則相關的新聞，其內容如電影再現。

報紙幾已描盡鐵達尼的沉船慘事，台灣讀者會知道，鐵達尼「為世界空前之巨船。乘客中。有大富豪。及名士。即彼等身上所帶。亦有一億鎊」。單單美國不動產大亨「河斯多爾」（即John Jacob Astor）一人就帶了三千萬鎊，約台灣錢三億，比當時任何台灣人都有錢。他正「於新婚旅行之歸途」，其死「尤可慟也」。

報紙說，災難發生當晚，「前面忽見一大冰山浮流水面。距船不過四分之一英里。事急不遑轉輪。竟致斷撞。」船上的婦人小孩都獲救，一千五百名男人「終至葬魚腹」。船上有救生「小艇共十六隻」，艇上乘客有的穿禮服，有的穿「褻衣」，在海上漂流四、五個小時，但「寒氣殊甚」，仍然有四個人在獲救後不幸凍死。算一算，從海上死神魔掌逃脫的，頭等艙有兩百一十人，二等艙一百二十五人，三等艙兩百人，連同其他船員、火夫、廚夫雜役，共七百四十五人幸運被救回紐約。報紙直指救生「小艇不敷」，才害得那麼多人葬身海底，「此後各商輪宜多備小艇」。而「臺達尼克號」將沉時，「音樂長某氏不動聲色。從容而起。指揮樂隊整齊鵠立。演奏音樂。竟至沉沒。尚不絕聲。」在電影裡令人感動的一幕，舊報紙上又多了一點訊息；這一位樂隊成員在英國家鄉舉行葬禮時，「與禮者共及三萬人之多」。

生活在日本時代的人，如果有閱報習慣，一九一二年完全可以了解美國「達夫特」（塔虎脫）和「盧斯福」（羅斯福）都「有意重充大總統」的選情。他們一九一〇年會知道有位美國小姐拍賣初吻，捐做慈善；一九一五

上
一九一二年，台灣的報紙說，「前面忽見一大冰山浮流水面。距船不過四分之一英里。事急不遑轉輪。竟致斷撞。」導致鐵達尼號沉沒的海上大災難。

下
和鐵達尼同時期，停泊基隆港的輪船備後丸、笠戶丸，只有一個大煙囪，而鐵達尼號有四個。

年有荷蘭科學家發明不需手持聽筒的電話；一九四〇年泰國在選美。

以一九一二年的《臺灣日日新報》來說，一天有八個版，除一版日文廣告，一版副刊小說，有六個新聞版，其中兩個中文版，和日文版新聞不盡相同，以鐵達尼沉船事件來看，甚至比日文版詳盡。不過，國際新聞的數量龐大，兩版則沒有差別。

關於對岸中國的內政外交，報紙也常常大幅報導。台灣第一位醫學博士杜聰明曾回憶說，一九一二年前後，他正在總督府醫學校念書，同學們「每朝起床就閱讀報紙看中國革命如何進展，歡喜革命成功」。這群學生包括蔣渭水、翁俊明等之後的政治名人。

如果遠眺一九一二年，歷史概念被滿清王朝倒下占滿，的確很難想像，同年的台灣也有耳朵、眼睛開向整個地球，知道天外有個鐵達尼。事實上，以報紙為翼，台灣早年一點也不封閉，放眼就看得到、伸手就摸得到世界。

豪華世界郵輪初體驗

都說基隆一個月要下二十五天雨，四月四日，港邊一如往常，細雨綿綿。

有個洋人匆匆要搭船離開，一群身穿深咖啡色「蓑衣」的搬運苦力吸引住他的眼光。洋人停下腳步，比手畫腳，苦力馬上意會，脫下蓑衣賣給他。洋紳士從西裝褲口袋掏出四、五張鈔票塞給苦力，然後把蓑衣舉得高高，彷如秀出戰利品，喜不自勝，揚長而去。

苦力這一廂，也不知道手上握著這幾張外國鈔票值多少錢，隔天到臺灣銀行一換，才發現大得驚人，有十五圓，跟摘茶女一個月能拿的工錢差不多，也足夠一個中學生搭船到東京。

這位洋先生，不知其名，只知是一九三〇年參加旅行團，坐豪華郵輪環遊世界的客人。他所搭乘的Franconia，跟Laconia、Resolute、Belgenland、Australia等幾艘兩萬噸上下的郵輪一樣，一九二三到一九三三年之間，如春天的候鳥，總在二、三、四月間，輪番停靠基隆港。

一九三〇年四月初，環遊世界的豪華郵輪又把幾百位洋人載到基隆，圖為當時觀光客走出台北火車站的盛況。

不過，這群郵輪可不真的如候鳥小巧，一九二八年來的Belgenland雖然比一九一二年沉沒的鐵達尼號小了快兩萬噸，兩萬七千噸的身軀還是比當時日本的第一巨輪太陽丸大一倍，報紙不得不驚呼，「這船像一座山」。當時台灣人的大船概念，是那些遊走日本和台灣間的定期客船，但以蓬萊丸來說，也只是Belgenland的三分之一而已。二月八日拂曉，Belgenland抵達基隆，剛好也在港內的吉野丸，看起來簡直就像是Belgenland爸爸帶的小孩。

郵輪觀光團都由紐約出發，橫越太平洋，停靠四、五十個港，遊訪四、五十個城市，花一百三十幾天穿梭東半球，最後再回到紐約。每地停留時間不出一、兩天，基隆這一站，只安排一天，有鐵路專車接駁遊台北。天之將白靠岸，午後四點左右，就必須離開台北回基隆，華燈初上，即要朝下一站上海去了。

雖來去匆匆，但每一次兩、三百個碧眼金髮的洋人轟然擠進台北，依然帶給台北的春天一記另類的雷公驚蟄。

現在沿著台北市師大圍牆邊的麗水街走一趟，很難不遇上一個金髮或棕髮的年輕人。一百多年前，台灣人卻還不怎麼看得懂藍眼洋人。十九世紀下半葉，當時來北台灣傳教的馬偕牧師說，有一位住淡水的西方婦女

走到街上，台灣人瞪著她，議論她究竟是男人還是女人。到一八九六年，日本統治的第二年，台灣人可能弄懂洋男洋女了，但那時台北的洋人才十一個。一九三〇年前後，全台看得到的洋人也不超過一百，他們不是洋行職員、學校教師，就是教會系統的傳教師和醫生。因此，突然有一天，兩、三百個西洋臉孔，像快閃族一般出現在台北城，無疑是八十幾年前的人文奇觀。

記者筆下的「蒼眼」、「珍客」，來自西方各國。一九三二年的郵輪Resolute載來兩百五十多位旅客，其中美國人最多，有兩百二十三人，其他則是德國、阿根廷、捷克、墨西哥、法國、波蘭、匈牙利、瑞士、比利時等國的紳士淑女。當他們各個華服現身台北街頭，報紙形容宛如一場「人種展覽會」。年年看一次這種旅行團，記者已會比較；一九三〇年四月來的Franconia，「這回美人很多」，一九三三年來的，「老媼居多」。

愈看愈細，記者還注意到有婦女從船上帶下來「魔法壜」（保溫瓶），內裝溫牛奶。她們到鐵道旅館（舊址於今新光摩天大樓）吃中飯，面前鋪白桌巾的餐桌上，放著木瓜和柑仔，一旁傳來悠閒的小夜曲，她們「如小白兔的嘴」說：「真棒的音樂！」連她們以左手吃麵包，記者都有話要說：「因為她們是西方人，所以不會笨手笨腳。」

漂亮女生更不會錯過。除了未婚的艾莉思美到被記一筆，Ruth Elder更是一九三二年豪華郵輪Resolute上有名的第一美人。一九二七年五月，林白成功無著陸駕機飛越大西洋之後，Ruth Elder就跳出來說她要當女林白。此話一出，大家都懷疑這位女演員藉機炒知名度，但年底，她果真跟一位有執照的男飛行員升空挑戰了。雖然，最後迫降掉落大海，仍不失為勇敢的女性，享有盛名。

一九三二年三月三十一日清晨六點，Resolute靠抵基隆，新聞記者就聽說Ruth Elder在船上了。陪伴同行的是她的第三任丈夫小華特坎帕，也是名流，人稱其父老坎帕（Walter Camp）「美國足球之父」。Ruth Elder一生共有六位丈夫，最後一位還結了兩次婚。和坎帕結束郵輪旅行，這一年，也離緣分飛了。

另一位知名的旅客離去後，噩運也找上門。對前耶魯大學校長Arthur Twining Hadley來說，一九三〇年二月十九日抵台的澳洲號是一艘死亡之舟。

三〇年代初，當兩、三百個郵輪洋客進入台北，火車站前就停滿汽車，分成兩隊，車上掛著「A」和「B」的旗幟，載他們展開台北一日遊。

在耶魯大學近三百年歷史中，Hadley是第十三任校長。不甚吉利的十三，他卻穩坐大位長達二十二年，從一八九九年開始，帶領耶魯跨入二十世紀。Hadley校長在台北時看起來很健康，記者還拍了照放在報上。但相隔不到二十天，就傳出惡耗，病逝神戶。

一九二九年經濟大恐慌，拖帶出好幾年的不景氣，參加豪華郵輪之旅的人雖然減少，卻無礙富翁的遊興。七千圓到一萬五千圓不等的旅費，要丘陵採茶的台灣姑娘做四十年到八十年的工，才上得了船。於是，郵輪上可見的，多像耶魯大學校長這種有來頭的人物；國際扶輪社的總裁、南美的外交官、鉛筆大王、船王、律師、演員、作家，各色名人都有。

總督府非常重視這一批批的貴客，即使短短一日遊也不放過。郵輪旅客來台北，固定遊覽臺灣神社（今圓山飯店）、博物館（今館前路底的台灣博物館）、龍山寺、專賣局（今南昌街的菸酒公司，參觀樟腦製作）、植物園（今南海路的植物園，其內原有商品陳列館，展示台灣特產）各景點之外，中午一定在紅磚洋風的鐵道旅館用餐，午後總督再邀至官邸（今凱達格蘭大道上的台北賓館）辦茶話會，招待柑橘、香蕉和烏龍茶。有時在庭園擺長長的桌子，客人自由立食，有時在官邸二樓陽台放一堆小圓桌，客人居高，吃午茶，也饗台北的人情風光。

環遊世界的觀光客遊台北，有幾個必去的景點；位於今圓山飯店的臺灣神社（**上圖**）、二二八紀念公園的博物館（**中圖**）和南海路植物園內的商品陳列館（**下圖**）。

總督府禮數十足，其意不在交朋友，拚經濟、拚觀光才是目的。通常一下船，港邊就有商店專為這群高消費力的名紳貴婦設攤。吃完飯，鐵道旅館的大院子照樣擺出一大堆原住民番刀、大甲草帽、斗笠、布袋戲偶、蛇皮拐杖和珊瑚別針，瞄準洋人荷包。最後，商品陳列館磨刀霍霍，等著再刮肥羊的第三層皮。往往洋客前腳一走，後腳大家就細細碎碎計算一天下來到底賣了多少錢，比去年多，還是比前一團少。

其實，台灣各類土產中，官方推銷烏龍茶最力，但看總督臨別持贈每人六兩裝的烏龍茶兩罐，可想而知。美國從一九二〇年初開始，一路禁酒到一九三三年，逼得美國民眾以茶香取代酒精，拿走全球茶需求量的九分之一，台灣自要把握這賣茶的大好時機。

街上民眾看這群「聯合國」稀客，跟大稻埕茶商的眼神就不相同了；他們不看人家腰纏多少貫，只看熱鬧。兩百台人力車或八十部汽車，綴成一線，如珍珠滾動過街。沿途所到，何等風景？漢文的報紙用了「觀者如堵」來描寫，似乎比「人山人海」更有想像空間，更有頭擠頭的動態感。

當年的洋人大叔最熟日本三樣東西——藝妓、武士和切腹，所以在台北遇見日本藝妓，藝妓看見汽車裡的外國人，大呼不可思議，洋人卻一副熟人模樣，輕鬆打招呼——「哈囉！」

上——總督官邸的二樓後方有陽台，可俯瞰水池庭園，也可以一窺城內風情。

下——歷年即使郵輪不同，載來不同的客人，但他們在台灣唯一的一餐，不吃台灣風味菜，而固定前往鐵道旅館饗用西洋料理。

西方人生性活潑大方，有一回車隊開進植物園，正好遇見一群二、三年級的小學生在寫生，他們也是拚命揮手、猛搖手帕，逗得小孩子很開心。又有一次，經過今監察院前，看見路口中心矗立的銅像，外國客人好奇，問翻譯那是何方神聖。臨時被抓來公差當翻譯的高商學生一下子被考倒，「啊——？」最後胡謅是「有名的總督」。其實那是總督府內一人之下的前民政長官「大島久滿次」的銅像，還好洋人不是來考選官費留美學生，否則，就等著當榜外舉人了。

匆匆熱鬧了一天，洋客人回到基隆，一步一步登船，天色也一步一步被踩黑。鑼聲傳來，舷梯收起，緊接著兩聲沉重的鳴笛，紅色大煙囪冒出黑雲，大船慢慢動起來，即將沒入海和天共張的夜幕。此時，一聲疊著一聲的「GOODBYE」卻從船上傳來。濃純的洋調，讓一九三〇年的台灣讀過一頁海上來的驚奇之後，還要忍不住噗嗤笑出來。即使，基隆總是下著雨。

招待與觀光內容	資料來源（《臺灣日日新報》刊出日期與版次）
通譯20人；送500斤蜜柑	1923.01.14（七版）
	1927.03.31（三版） 1928.02.24（七版）
14艘汽艇接駁上岸；原住民20餘人盛裝歡迎	1928.02.09（二版）
	1928.04.01（二版） 1928.04.02（四版）
	1929.04.03（二版）
	1929.04.08（七版）
乘汽車遊台北	1930.02.20（七版）
總督石塚英藏於官邸接待，並贈烏龍茶； 動用汽車80部、人力車200台	1930.04.01（四版）
	1930.04.05（二版） 1930.04.08（二版，夕刊）
	1931.02.12（二版） 1931.02.20（八版） 1931.02.20（二版）
	1932.04.01（二版）
	1932.04.05（二版）
	1933.03.28（八版）

日治時期世界觀光郵輪來台概況

抵台時間（年月日）	船名	噸位	旅客人數與背景
1923.01.15	Laconia		450人
1927	Resolute		395人
1928.02.08	Belgenland	27,200	335人登岸遊台北
1928.04.01	Resolute		360人
1929.04.02	Resolute	19,692	394人中，334人訪台
1929.04.07	Franconia		368人
1930.02.19	Australia		330人
1930.03.30	Resolute		382人中，355人到台北；有鉛筆大王、船王等富豪
1930.04.04	Franconia		312人到台北
1931.02.19	Australia	21,860	全員358人中，295人抵台北；有紐約記者、英國貴族
1931.03	Resolute		
1932.03.31	Resolute		257人中，有美國籍223人，德國15人，捷克、墨西哥、波蘭各2人，法國、匈牙利、西班牙、比利時、加拿大各一人
1932.04.04	Franconia	約2萬噸	225人中，有美國籍166人，英國40人，德國和愛爾蘭各一人，比利時6人，法國3人
1933.03.27	Resolute		190人中，內含美國籍135人，德國19人，阿根廷6人，英國5人。101人為女性，老婦居多。共150人進台北參訪

英語演講比賽前先獎盃奉還

一九三〇年底，也就是八十六年前的冬天，日本東京有一個函授英語學園「井上通信英語學校」，熱心捐獻了大獎盃，準備給隔年元月舉行的台灣英文「雄辯」大賽，當作勝利金盃。

在此之前，台灣從來沒有過這樣全島式的英文演講比賽，參賽對象廣及全台中學以上的學生，因此，既是創舉，也是英語教育史上的大事。

一九三一年初，第一屆比賽銅鑼一敲，吸引了臺北第二師範（今國立台北教育大學）、臺北高校（校址即今台灣師範大學）、臺北一中（今建中）、臺北二中（今成功高中）、臺北商業（今台北商業大學）、臺北工業（今台北科大）、基隆中學、新竹中學和臺中商業（今國立台中科技大學）等九校來一較高下。裁判席上，除了臺北帝大的日本籍英文教授，英國、美國駐台領事也在座。比賽結果，由臺北商業拿走獎盃。

有趣的是，獎盃永遠只有一個，井上學校不會年年捐贈。第二屆以後，每次比賽選手上台之前，有一個獎盃奉還的固定儀式。換句話說，優勝者臺北商業學校奪走第一屆英語演講比賽的勝利金盃。前排唯一的淺色衣裝女士即是外籍英語老師。

一九三二年，第二屆全島英語演講大賽的活動單也以全英文呈現。

上——英語演講比賽的舞台，卻極日式，鋪蓋長長的布巾。

中——比賽地點為臺北高商，即今徐州路上的台大社科院。

下——戰前的英語大賽分演講和背誦兩項，因此台上放置兩個優勝金盃。

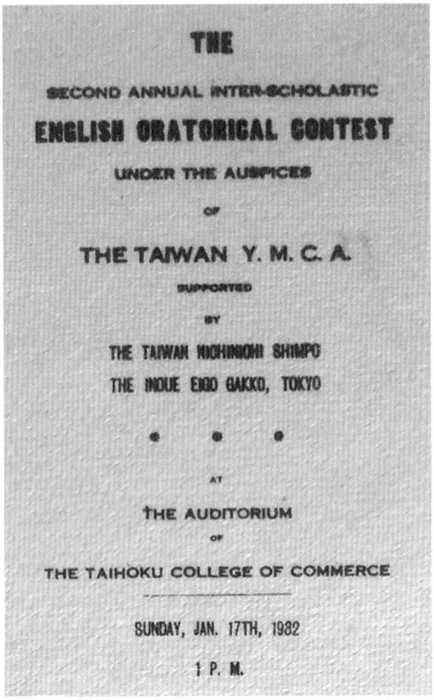

THE

SECOND ANNUAL INTER-SCHOLASTIC

ENGLISH ORATORICAL CONTEST

UNDER THE AUSPICES

OF

THE TAIWAN Y. M. C. A.

SUPPORTED

BY

THE TAIWAN NICHINICHI SHIMPO

THE INOUE EIGO GAKKO, TOKYO

AT

THE AUDITORIUM

OF

THE TAIHOKU COLLEGE OF COMMERCE

SUNDAY, JAN. 17TH, 1932

1 P. M.

只能保有金盃一年而已，想要繼續維持榮光，就要努力爭取衛冕。這個特殊的獎盃制度，讓看似靜態的學生演講比賽宛如打青春籃球賽，充滿拚搏的動感與鬥志。

第二屆比賽結束，果然，北商丟失金盃，臺北一中的「佐佐木正」同學成為新霸主。可以想見，其他學校又繼續摩拳擦掌，準備明年捲土重來。

創辦台灣學生英語演講大賽的單位，名字本身就很洋味，也就是大家熟悉的「ＹＭＣＡ」，即「基督教青年會」。ＹＭＣＡ於十九世紀創自美國，日本時代傳入台灣，頗為活躍，多項台灣的文明初體驗，都由ＹＭＣＡ

打開台灣人的新視界。籃球是ＹＭＣＡ帶給台灣的，排球也是，台灣第一個游泳池，雖然小小不及百坪，一九二一年即以鋼筋水泥打造，也是ＹＭＣＡ賜給台北的嶄新禮物。

台灣體育發展史上，ＹＭＣＡ有不可抹滅的一頁。推廣英文教育更是先鋒。一九一〇年代中期，距今整整一百年前，ＹＭＣＡ就開辦了英文班。

一九二二年，YMCA於今台北市南陽街、公園路之間闢建台灣第一座游泳池。

起初是每週一、二、五午後三點半上課，很快又分日間部和夜間部，兩、三年後，再針對中學生開設了暑假班。依內容程度高低，各種班都分有A、B、C、D四組。

在舊資料裡訪查YMCA過去留下的腳蹤，一九二九年六月十五日開始的新英文班最讓我驚訝。此班為女子班，專為女生而開；原來，根據新聞報導所說，YMCA的英文班過去都只開給男生。

日本時代，YMCA在台北的會所基地和游泳池，都位於公園路、許昌街、南陽街一帶，下次路過此地，不妨記起YMCA，以及它帶給台灣與台北的文明與進步。

車牌暗藏魔鬼

二〇一二年底，台灣的汽車車牌有很大的變化；自用小客車的號碼變成七碼，包括三個英文字母和四個阿拉伯數字，車牌因此更大了，寬度增加六公分，變成三十八公分。

台灣的汽車車牌號不是一夜就跳到七碼的，五、六十年前甚至沒有英文字母，九十幾年前，最早的車牌更只孤零零一位數字而已。一九一九年是台灣車牌的元年，那年八月底，臺北廳（含今台北市、新北市和基隆）才開始規定汽車要掛牌才能上路。

事實上，台灣在一九一二年，就開始有第一部汽車，但是，面對這隻嶄新的神速怪物，沒人想得到需要給牠掛上號碼牌。之後，一隻一隻冒出來，等到台北有十六部車的時候，車子已經惹出不少禍，撞傷了一些人，台北的夜晚也被碰碰碰的引擎巨響吵個半死，官府才驚覺，該來管管這群新品種的風速怪獸了。等一九一九年把規則辦法想出來，全臺北廳也只有二十三部車子，這也是全台的四輪汽車的總量。車數這麼少，無法想像千

下

嘉義市年輕女駕駛「陳好」（右）與她所屬客運的汽車。車牌的「南」意指臺南州，戰前嘉義市屬臺南州。

右

日治時期車牌，數字前還會有個漢字，代表不同地區。

台灣的女性公車駕駛蕭鄭綢和先生蕭金水。車牌的「中」字代表「台中州」。

萬輛的未來情節，所以，車牌號碼就老老實實從個位數開始排。

我看過不少日本時代的影像，從沒看過台灣最初這一批純號碼的車牌。最典型的日治時期車牌，數字前還會有個漢字，例如「花 18」、「高 88」。這是一九二四年的新式車牌，臺北州（含今台北市、新北市、基隆和宜蘭）率先增加「北」字，隨後，全台各行政區的車牌漢字，新竹州、臺中州、臺南州、高雄州和花蓮港廳、臺東廳，依序定為新、中、南、高和花、東。

對任何掌握方向盤的司機來說，車牌的號碼暗藏著魔鬼。日本比台灣早三十年接受西方文明，早年汽車又幾乎進口洋物，西方人視為不吉利的十三，日本時代的車主也移植種在腦海裡，對十三避之唯恐不及。

現代車主害怕拿到有「四」的車牌，日本時代早就如此，因為日語的「四」也與「死」同音。二〇年代末，當台北的車輛番號排到六百多號，就傳出說，有二十二個號碼在人間蒸發。四二、四四、一四二、四二七，都不吉利，三四四恰是「身死死」，四二〇是「死靈」。數字九也不怎可愛，因九遇見日文，七九的念音等於哭泣，一四九彷彿撞人，四四九更似撞死，九九還是「窮窮」，運將們都會拒用。

等到一九三五年，台北的車牌早已超過一千號，來到一千四百多號，

左側通行
北1.175

北1.008

三〇年代，台北的車牌已經超過一千號。

可怕的車牌應該更多了。

日本時代，汽車車牌的顏色，一九一九年一開始定調為兩款。自用車採黑底白字，這可能是當代台灣絕不可能使用的顏色組合。營業用的巴士、租賃車和計程車，則跟現在的自用車一樣，白底黑字。

古今還有一點相同，每部車的前後都要掛車牌，但掛哪個位置，並不像現在規定這麼硬，放左放右放中間，都聽任自由。

如果用日本時代的語言來說，此情種種，無不是台灣「自動車界の幼年時代の發育狀態」。

那時候的公車會「犁田」

台北市有載客巴士，始於一九一三年，如營養不良的初生兒，一年即夭折。真正粗具公車系統規模，已是一九一九年的事。此後十來年，姑且稱為台北公車的幼稚園期，那時的單純，如你我三歲流著鼻涕、四歲拉著媽媽衣角、五歲抱著小狗，想來可愛。

那時候，公車屬私人經營，車小到比現在的小巴還小。以一九二〇年所見的公車來說，底盤高，輪胎比現在瘦。乘客坐左右兩邊，面對面，每邊應該擠不進四個人。說是車，又沒有「車廂」；乘客非置身可封閉的空間，車沒有窗戶，頂上罩布棚，彷彿坐敞篷車。

那時候，公車上還有一個現在已消失的職人，稱之「車掌」。戰後，有一段很長時間，公車都有車掌，負責收賣車票，下車信號也由她們吹哨子。我寫「她們」，因為中年以上兩、三代台灣人遇見的車掌，全是小姐。但是，台北公車的「幼稚園小班」時期，車掌都由男性擔任。

男車掌有點自毀前程。一九二〇年，曾有讀者投書爆料，指來往大稻

上——日本時代，許多公車屬私人經營，且最初是由男性擔任車掌。

下——日本時代，一出市區，四處盡是農田，駕車稍有不慎，即栽入田中。

日本時代公車系統頗發達，連蘇花險峻的斷崖路段也有公車行駛。

埕與艋舺間的公車，女乘客多中學女學生和護士，她們上車要買票，姓王的和姓葉的兩個男車掌故意不賣，色迷迷的，等停車或下車，再手來腳來，「調戲」這些少女。兩年後，車公司也覺得設車掌的弊害太多，就把男車掌廢了。到一九二八年三月十二日，台北公車才起用六位女車掌，其中四位是台灣小姐。

當初，還有一個專屬舊時代的公車風景。

一九二四年八月，颱風剛掃過，到處水災。公館到新店之間，沿途牛車、拉車，晝夜絡繹不絕，搬運重建需用的材料。二十四日晚上八點半左右，天色漆暗，車牌號「50」的公車載了十三位乘客從新店往北來，幾乎可說是摸黑前進。駛到景美的番婆厝（今萬隆集應廟一帶），二十二歲的廖姓司機看到牛車時已來不及，還好只是擦撞，車有點損壞，便想到有燈的地方修理。沒想到，往前開開開，到今萬盛街那邊，忽然，才轉一下把手，車就栽進田裡了。災情反而比撞牛車嚴重，報紙說，車體「全部粉碎」，車上的日本警察光田撞到鼻梁，流著血，其他七位台灣籍乘客輕重傷都有。

現在公車都走在大馬路上，穿梭在大樓與樓房之間，八、九十年前大不同，公車一出大稻埕、艋舺和城中區，四處盡是農田，道路又窄，稍有車況，方向盤稍偏，動不動就，「犁田」了。

一九三一年，還發生一種現在幾乎不可能發生的公車之禍。一樣是二十出頭的年輕司機，駕駛台北市營公車，從中崙往台北車站開，來到善導寺（當時為淨土宗別院），那裡有個公車牌，郭姓司機正準備停車。故事說到這裡，必須插入一個說明，日本時代，陸上交通一律靠左行，因此，郭運將準備停車的位置為路的南邊。這時，從今天紹興南街駛出一部市役所（市政府）的「糞尿運搬車」，像溜冰一樣，無遮阻地撞上公車的左後側。公車玻璃窗全破了，一位日本籍乘客割傷頭，一位台灣人乘客割傷臉。更恐怖的是，他們還被潑到穢物，搞得搭個公車好像遇見仇人似的。

不過，報紙編輯可能為了補償他們受創的心靈，標題下得文雅，說是公車撞糞尿車，乘客負傷，「有沐黃金汁者」。

颱風來了會缺鹽

一九一一年，時間距離現在很久，台灣的夏天一樣酷熱，颱風一樣破暑而來。不過，災情風景，大不相同。

這一年八月底的一場颱風，暴風狂雨，台北受災慘重，當時說是「數十年來所希聞」。新店溪南岸的板橋江子翠、永和這邊，村子全泡在水裡，淹得深的，超過十尺，比現在一層樓還高。那裡一百年前還是農村，幾乎全是不牢靠的竹篙厝，水災來襲，完全找不到任何「樓上」，不像現在可以往二樓跑。極目所及，可以避難的高處，只有屋頂、稍高地方的草堆。有人爬到樹上，有人手吊在竹梢，還有人疊高桌椅，全家大小老少都站上去。

新店溪北的古亭庄，也好不到哪裡，沿岸陸地已經如湖似海，波浪奔騰，總督在這邊的別墅也被淹了。一片水茫茫中，男女老幼呼救聲不絕，有的在屋頂，有的在水中浮沉，最後警察帶壯丁，划著小木船來，救出兩百人。

其中，有一位太太困立在水裡等待救援時，突然感覺有東西纏住她的腳，直覺摸下去，是雜草嗎？不是，是一條蛇。這位婦人花容失色，一個反射動作，立刻用力把蛇拋掉。報紙說，婦人直到獲救，上了船，「猶戰慄不已」。

現在台北的古亭，有兩條捷運線在此交會，近師範大學，滿是高樓大廈，房價七、八十萬一坪，大颱風淹水是早已佚失的古老傳說，更不用說颱風天會跑出嚇人的蛇了。

百年前，一般平民的屋子太脆弱，不堪暴風強雨一擊，颱風過境，往往就有一大群人無家可歸，無灶可炊，無米可食。於是，暴風邪雨肆虐後，總會跑出一群大善人，例如漳和庄（屬今新北市中和區）幾百人全躲進富商林梅清的家，報紙說，因為林梅清的房子新蓋好，「堅牢不破」。推測起來，新宅應是磚造。

林梅清且好人做到底，馬上用了幾百斤的米煮飯，讓災民免於挨餓。大龍峒這邊的富人陳培根，也叫附近佃農幫忙煮稀飯，供認識的、不認識的人吃一碗熱粥，不讓颱風打倒。富人捐米施粥，成了古早颱風災後的典型風景。

現在計數颱風造成的破壞，常會說哪裡的行道樹連根拔起，哪裡的路樹壓垮汽車。以前，人會溺死、屋會全失，樹不是什麼要角，「電柱」（電線桿）歪了幾根，倒要認真數一數。

颱風來後，現代人遇過電斷水缺，一九二九年的台北人碰過缺鹽。報紙說，台北市城內，受颱風影響，「每往小賣店。均答無鹽。各家庭殊為苦痛。」原來，鐵路不通，台南的鹽無法北送。

颱風吹升蔬菜價格，古今倒是相同。八、九十年前，台北的蔬菜產地主要在新莊、板橋港仔嘴、士林、東園幾處，每日集中於大稻埕市場再轉零售。一九二四年八月初，颱風一掃而過，蔬菜價格「暴騰」，報紙報導白蘿蔔的價格，「四日四圓。五日五圓。六日為交通杜絕無出貨。七日六圓。八日八圓。」讀得人都心跳加速了。

火災的關鍵詞

幾年前，新北市一家醫院疑因電腦配線短路，核磁共振機房鬧火災。這場火災相關詞有「電腦」、「配線」和「核磁共振」，反映了現代生活的內容。換到七、八十年前日本時代，往往「煙草」、「火柴」和「茅草」才是火災的關鍵詞。

「煙草」就是香菸。一九三五年，赤十字病院（院址即今中山南路台大醫院東址大樓）的值班醫生寢室晚上九點多失火了，有人趕快跑去舞廳把值班醫生找回來，他溜班又失火，當時的報紙形容他「狼狽歸來」。一比對時間，他在舞廳，又不在寢室，那是誰在他的寢室待過而釀禍的呢？深入一查，原來是另有一位日籍醫生，八點過後，跟台籍護士潛進寢室「密會」、「絮絮不休」，還抽了菸，到九點，警衛要來巡邏，兩人才走到外頭散去。但醫生隨後又轉回寢室，連忙穿上襪子，也趕去舞廳和同事會合同歡。沒想到，香菸的餘燼就在這個時候悄悄施魔作法，準備變身烈焰了。

離赤十字醫院不遠，穿過新公園，今天重慶南路和沅陵街口這邊，圖為三〇年代後期，台北市萬華的消防隊。牆面上掛有許多防火標語。

一九二一年曾經大火，也跟赤十字醫院有關。一位日籍護士走進賣和服的「松井吳服店」，店員和小夥計向前招呼。護士預訂了棉花，十六歲的小夥計趕快上三樓拿。一爬樓梯上去，黑漆漆的，感覺角落好像有白色怪怪的東西，心生恐懼。身上剛好有給客人點菸的火柴，就摸出來點上，安心許多。一切如常辦完，護士把棉花都拿走了，沒想到，當時，小夥計丟掉的火柴仍有餘燼，慢慢灼蝕布料，三、四個小時後，便引燃成大火。

這一帶連同衡陽路、博愛路，一直是日本時代台北的鬧區都心，商業繁榮，因此這把火燒出空前的損失。那時熱鬧大街上店面很氣派，都用磚砌，但後頭巷內的房屋全是木造，一發難收拾，全燬四棟，半燬兩棟，連同商品，估計損失六十幾萬圓。老一輩人會說，日本時代的錢乘以一千，大約就是現在的金額，所以，六十幾萬的價值感差不多現在的六億多。

所幸無人傷亡，或許因此報紙記者還有餘情寫道，臺北醫院（台大醫院前身）一位姓「大西」的主任級醫師，在附近理髮修鬍子，聽到失火，趕緊逃命，鬍子才修一半就跑到大街上來，「亦一笑劇也」。

與火災戶僅隔四、五間店面的茶行「辻利茶舖」（位於今重慶南路與衡陽路口的星巴克咖啡店），老闆三好德三郎是台北有名的書畫收藏家，這時也衝出來觀火，一心擔憂萬一延燒過來，酒店的酒精和槍砲店的火藥一九三八年，台灣博物館前右側的「萬屋」旅館發生火災，消防車出動，模樣跟今天差不多。

上　戰前的台北消防員於正式典禮時，頭戴如警察的帽子，腳穿草鞋，身穿緊身花紋褲，仍有一絲江戶遺風。

下　日本時代台灣各大城市都設有瞭望台，可及時發現火災地點，出動救災。圖為基隆市。

會助長火勢，竟忘了他自家珍藏也禍在旦夕。反倒是台北市市尹（市長）武藤針五郎，同好收藏，幫三好老闆擔心，自己就衝進房子裡，抱起寶箱，就要往外衝。一拿起來，卻發現意外的輕，武藤市長難過大嘆，一定是有竊賊趁亂下手。三好德三郎這時終於才回神，認真想了一會兒，才記起字畫都移到衣櫥了，好佳在，趕快遣人進屋子救出字畫。

日本時代，台北幾場大火的結局多是財物損失。台灣有史以來的第一部汽車即毀於火災。日治台灣不到一個月，一個叫「杉森與吉」的人就來到台北，在離火車站不遠的北門街（今博愛路、開封街口一帶）經營旅店「日の丸館」。一九一二年，他買進汽車，自己使用，也兼迎送客人，成為台灣第一位車主。杉森老闆實際上才六十八公斤左右，但以前的人都瘦，因此報紙說他「體極肥胖」。第一次車開出去，就有司機，加上壯壯的身材，好不神氣。風光了兩年，一九一四年十一月的一個凌晨三點多，旅館突然起火，西風助勢，鄰近八十六戶因之全燬，台灣第一部汽車也葬身火海，慘然只剩骨架。

大火難防，一九三〇年代，台北最高學府「臺北醫專」（台大醫學院前身）曾經四、五百坪校舍全被燒燬；三井財閥在萬華的製茶工場也燒個精光，損失約當現在三億元。一九三五年，連總督府也慘遭火襲了。晚上八點多起火，起火點又在四樓，當時房子極少超過四層，視線無阻，因此熊熊火焰連燒兩小時，全台北都看見了，趕來看熱鬧的人把總督府團團圍住。原因查了一個多月，最後認定是放了三十年的影片保存不當，起化學變化自燃而釀災。

總督府裡，盡是重要文書檔案，當時沒有電腦、沒有雲端，手工文本一燬，即化為煙塵，所以，一邊滅火，一邊也要搶救文件。最後，全台的山林地圖倖免一炬，特別讓人鬆一口氣，但各種礦產調查圖損傷嚴重，就得再花好幾年調查重製了。

出了台北等都市區，火災之禍，動輒百戶全燬。以現代的標準看，災情規模實在大得嚇人。一〇年代，高雄阿公店有一位太太，煮飯一個不小心，「火星燃及近灶木堆」，導致附近兩百七十九戶全部燒光光。一九二三年，台南下營大火，一百三十七戶房屋瞬間化為灰燼，災民八百多人。同一年，高雄林園庄有個村子災情更嚴重，燒了兩百八十三戶，已經超過全村的八成，一千八百多位村民被迫露天埋鍋炊飯。家產很重要的豬，也被燒死四百多頭。

火災會如此大範圍延燒，原因除了強風助紂為虐，依當時報紙的語言，「家屋尤是茅葺」，脆弱的茅草屋自是讓災害難以挽救。

災後重建，房屋結構依然沒能向上提升。林園大火過了一、兩天，相關單位送來的還是竹子和蔗葉。前人的生活真是辛苦啊！

打開日本時代的鉛筆盒

日本時代的小孩已經使用鉛筆，也有鉛筆盒，只是材質大不相同。當時的鉛筆盒有木材的，也有以做罐頭的馬口鐵製造，另有一種上下互蓋式的賽璐珞鉛筆盒。

賽璐珞是十九世紀發明的合成樹脂，在塑膠和壓克力到來前，有一段榮景，曾做為電影膠片，到現在，仍有乒乓球和部分吉他彈片由賽璐珞製成。

日本時代的賽璐珞鉛筆盒有各種顏色，也有像吉他彈片，兩色交駁，發出如貝殼的光澤。唯一美中不足是薄脆。八十一歲的梁溫彩英說，日治末期，她在家鄉苗栗頭份讀小學時，同學的賽璐珞鉛筆盒多斷成兩截，唯獨她有完好的盒蓋，她反而覺得「不好玩」，於是硬把鉛筆盒蓋子折斷。

年近九十的陳瑳瑳，小時候住台北大稻埕，爸爸陳振能曾任板橋林家某一房的總管，也任過台北市議員，家境優於一般，她也有賽璐珞鉛筆盒。陳瑳瑳還記得，有一次學校活動要到淡水海邊，媽媽幫她買了賽璐珞筷子盒，媽媽愛乾淨，用熱水先燙過，未料到賽璐珞不耐熱，瞬間變形。

打開日本時代的鉛筆盒，雖然不及現代精彩，沒有自動筆、螢光筆、立可帶、小名條，但也不算陽春慘淡，除了鉛筆，還有尺、削鉛筆的小刀和橡皮擦。依一九一九年出生於台南市的蔡廷棟說，他小時候用的尺是木尺；小刀則跟中年一代習用的一樣，一端有軸，刀片可展可收；橡皮擦則是橡膠做的，顏色灰灰的。

我爸爸小蔡廷棟十六歲，日本時代還讀了四年，但戰爭風雲把紙和橡皮擦的品質都吹爛了，他在雲林鄉下的同學們，有人切一截腳踏車的輪胎當橡皮擦，其結果可想而知，擦得簿子黑黑的一團。還有人拿石頭去敲榕樹幹身，爸爸說，榕樹會「出乳」，黏黏的樹乳不知道再去混什麼東西，就這樣土製橡皮擦。

至於鉛筆盒裡的主角，戰前台灣的鉛筆已是彩色時代，甚至一百多年前還鬧過「紫鉛筆傷人事件」。一九〇四年，總督府曾發出訓令，因紫鉛筆含有毒元素，禁止幼稚園和小學生使用。過了三年，傳出悲劇，竟有中學生寫紫鉛筆時，突然斷碎的細片噴進眼睛，導致失明。

日本時代後期，小學生偶爾也會拿到免費的鉛筆。像是台中市稅務單位就曾發下一萬枝給全市的小學生，當然不會沒事慷慨；鉛筆就像一張宣傳單，上頭有日本國旗圖案外，還附帶鼓勵納稅的標語。淡水一家「信用組合」（戰後蛻變成信用合作社，屬金融機構），也在區內廣發鉛筆，打上「勉強は學校、貯金は組合」的標語，意即「念書要去學校，存錢就要到組合」。回頭看，我有點皺眉，懷疑這種宣傳法的功效，但是，我嘴角也有笑，相信當年小學生拿到天上掉下來的鉛筆時，應該個個笑容燦爛。

考上醫校回頭嗆校長

每到春天，台灣有個固定行事，二月，大學學測成績公布，準大學生便開始磨破頭皮寫自傳和讀書計畫，也要加緊鍛鍊儀表口才，選購襯衫皮鞋，準備迎戰四月的口試。

對我五十幾歲這一代人來說，寫自傳、找人幫忙寫推薦信、給教授口試，才能上大學，是不可思議的事。保留各種才藝比賽的獎狀，會有利於進入更好的大學，也是三十多年前想像不到的。但是，六、七十歲的人上大學，從一九五四到一九六八年，卻又一度有「保送」制度，憑著高中優異成績，可以閃過聯考的折磨。

每個時代都有不同的升學之道。戰前的日本時代，其實也有免試入學的做法。日文稱考試為「試驗」，當年就有「無試驗入學」。小學升中學，沒有此制；中學念完五年，下一個階段要升上臺北醫專、臺北高等商業學校、臺南高等工業學校，就有保送的管道了。

以競爭最激烈的醫專來說，每個男校中學的校長，可推薦一位成績優良的男學生給醫專，醫專再從中篩選。跟現在一樣，「中獎」機率也非百分百，而且往往一年推薦三十幾位學生，入選者不會過半。

日本時代的校長握有推薦權，一九三〇那一年竟惹惱了一位嘉義少年仔。嘉義中學校五年級的郭朝陽，住在西門外，校內成績極佳，以「優等生」畢業。三月間，各校校長紛紛提出推薦時，郭朝陽猜想自己必是嘉中推薦入醫專的當然人選，但不知何故，五年來都跟他同在嘉中的校長三屋靜，竟然讓他嚴重失望了。

郭朝陽只好和一般同學一樣，乖乖參加考試。醫生是日本時代最夢幻的職業，窮家子弟一朝當了醫生，收入豐富，立刻躋身上流。每年醫專考試，精銳盡出，在考場激烈競爭，報紙曾指出，有日本學生咬牙苦鬪，拚了五年，名字才上醫專的榜。郭朝陽果然實力堅強，還是能通過筆試，考取臺北醫專。

這時候，郭朝陽大概愈想愈氣難平，忍不住寫了一封信去「嗆」三屋校長，當時報紙說，信中有「種種無禮與自誇其實力」。郭朝陽還故意不貼郵票，依當年規定，收件人必須「被罰」。他的朋友同仇敵愾，也寄信給校長，裡頭還「中藏污物」。現在無法考證污物何物，但是，三屋校長轉寄給總督府文教局，文教局馬上下令給醫專校長，把郭朝陽從錄取榜單除名。

消息傳回嘉義，郭家大驚，向醫專校長堀內次雄陳情。堀內是史上公認極愛護學生的校長，這時候也只說，文教局的命令不能再變更。眼看嘉義一位優秀青年將在此跌跤，嘉義士紳議員全部到齊，去嘉中求見校長，三屋靜外出不在，似乎刻意閃避，士紳都意識到事情已難轉圜。

撇開郭朝陽的言行不論，三〇年代，官方也意識到推薦保送終究不及考生一律考試公平，郭朝陽事件後沒幾年，一九三四年，免試保送上醫專的路就被剔除了。

修學旅行遇見明治天皇

三十幾年前，念大學時，附近有好幾個學校緊緊相貼。成功中學的男學生會跑來台大法學院地下室的餐廳，端盤就座，只見盤中飯菜堆得如小山丘，好像非要把剛才在操場上流掉的五公斤汗水補回不可；不見太陽的大學地下食堂，根本埋不住高中生的青春。

隔著一片長牆、一條濟南路，臺北商專（今國立台北商業大學）前門正望著法學院的背後，雖近實遠。當年公私立商專不少，是許多女生學業生涯的夢幻歸宿，因此留下模糊的印象，此校進出多女生。

日本時代的臺北商專就不一樣了，是一所純男校。不久前，從東京買到北商前身「臺北州立臺北商業學校」的畢業紀念冊，一翻開，一九三二年的師生大合照，所有人都穿著黑壓壓的制服，唯一一點白，是東方臉孔、洋裝、高跟鞋打扮的英文老師 Grace James，微微低頭，不敢直視前方，她也是全校唯一的女性。

老畢冊裡有許多珍貴影像，見學旅行的幾張相片更特別。日本時代，

北商學生參觀今台北北門郵局收發信件的作業。

北商學生合影於臺灣日日新報社的印刷機旁。

已出現「見學旅行」、「修學旅行」、「遠足」等名詞，是現代「校外教學」、「畢業旅行」的古早版本。

一八八六年，東京師範學校開始把教室延長與擴大到校外。師生從東京出發，走了十二天、兩百六十公里，到達千葉東部海邊的銚子。雖有軍事演練，沿途也遊覽名勝、動植物觀察與參觀學校。隔年，就正式出現「修學旅行」的新詞，軍事鍛鍊也踢除在外了。

不到十年之後，日本開始統治台灣，開啟西式的教育，台北的學生生活中，也開始修學（或稱見學）旅行了。一百多年前，一個十月的星期四上午，大龍峒公學校的九十三位小學生登上停靠在基隆港的西京丸，見識了船內的臥艙、餐廳、廚房、浴室，甲板上，還有船務主管講解。上個世紀初，海邊的大船一直是小學生校外旅行最覺有趣的大玩具。

也是一百多年前，台灣學生的修學旅行已跨洋到日本。一九〇七年，總督府國語學校八十幾位學生參加日本修學之旅，日本籍和台灣籍的學生都有。七月三日，他們前往上野參觀東京勸業博覽會。正巧明治天皇蒞臨會場，台灣籍學生看見天皇坐在台上，立刻脫帽敬禮。那時日本統治雖已十二年，絕大多數男人的後腦勺仍留著長辮子，這群學生也不例外。他們特殊的模樣可能引起明治天皇的注意，他轉頭問了隨從。內容為何，不得

臺北商業學校的修學旅行，參觀了酒工場（今華山特區）、永樂町的正米市場、士林製紙（**圖由左上至右上、下**）。

北商學生參觀煙草工場。

而知，但一點關注的眼神，已讓當時的報紙伏地欣嘆「實為光榮之極」。

到了一九三二年，臺北商業學校的修學旅行有何不同呢？北商畢冊裡，一群大男生去了台北幾處大會社，酒工場（今華山特區）、煙草工場、士林製紙、永樂町的正米市場，另去了日治時期台灣最大的臺灣日日新報社，在捲著白紙的滾輪印刷機前合影。也去了臺北郵便局（今北門郵局），實地見習當郵務人員。那個年代，醫科學生去病院修學，師範學生去學校觀摩，商科學生當然就去「會社見學」，而這些已不再如小學生的遊山玩水、增廣見聞，是跟將來職業相關的參訪了。

捨不得不愛的農曆年

大家放舊曆年假放得很開心，殊不知春節可是在近代百年洪流裡逆境泅泳，幾經磨難，活過來的傳統節慶。

日本於一八七二年採行西曆，一八九五年日本開始統治台灣，舊曆年岌岌可危。所幸，總督府把政治算盤打一打，認為放任台灣人的習俗文化，比強制禁絕更利於統治，陰曆年才沒有馬上被掃進倉庫。

日本時代初期，公家機關偶爾還給舊曆年假，像台北地方法院曾特別「施恩」，讓法庭的台籍通譯有三天年節假。日本時代學制與現在不同，春節都在學期中，但也有調整放假的做法，例如一八九九年，台北的日本學生從新曆十二月二十五日開始放年假，台灣學生延後三天放，多上三天課，換取舊曆年的三天假。

一九〇一年春節，台北的大稻埕公學校（今天台北市太平、永樂、蓬萊國小的共同前身）因學生都是台灣人，也好意停課幾天。學校先前一再叮嚀星期一要恢復上課，不過，真到那一天，乖乖來校的卻寥寥無幾，新日本時代，大稻埕的太平公學校為男校，前身是大稻埕公學校。

聞報導忍不住感嘆，這些「小子」太貪玩，爸爸也太「不嚴於約束」了。

台灣人逍遙自在過了二十年的農曆新年，一九一六年底，第一次的「大水」終於淹過來。台籍上流的商人、醫生、老師和記者共同發起「改曆會」，呼籲「世界事貴大同」，台灣人應跟著改採國際多數人用的新曆，何況連發明陰曆四千年的中國都與世界接軌，把一九一二年大年初一那天改成新曆的二月十八日了。

很快，全台有兩、三萬人響應改曆。這下可好，連基隆名剎靈泉寺都改用新曆來辦受戒會，而且，有些地方改曆會釜底抽薪，並不主張廢掉炊年糕、辦五牲拜祖先等年俗活動，只是要大家把時間搬到陽曆新年而已，農曆年的根幾乎要被拔除。

一九一〇年代，台灣人曾經自發性推動男人剪辮、女人鬆開裹腳布，頗為成功。同樣出於自發，改曆的號角卻無法摧毀舊曆年。當時發現，雖然上層階級的男人在外敲鑼打鼓迎接西洋年，婦女卻在家拚命炊甜粿、殺戰前家中的女性固守著傳統，反而讓舊曆年的習俗不被消滅。

雞、拜拜，守著農民曆過台灣年。街上，商店大門深鎖，主要的交通工具人力車，一到除夕就忽然人間蒸發兩天。戲院倒「日夜皆滿員」，有一年春節，台北太平町放十一集的著名電影《火燒紅蓮寺》，還「大博人氣」。後到者不得入場」。連小偷也要等到尾牙後，才「起盜心」，鬧得警察在街頭巷尾跑來跑去。

一九三七年，日本侵略中國，戰爭烽火擴大燃燒，台灣開始推動皇民化，舊曆新年又被捲入漩渦，一片廢止聲。但是，即使到一九四三年，報紙還在抱怨舊曆年難廢；除夕那天，金銀紙大賣，一堆人還是殺去剪頭髮，大年初一，公車班班客滿。顯然，愈禁愈愛得刺激，大家更偷偷摸摸過著難忘的舊曆年。

戰後初期，來台的國民黨政府高官多經歷民初破舊立新的時代，也不大樂意給過春節，一九五五年，總統府祕書長張群就曾通告府內上下，「民間風俗，於春節賀年，積習已久，迄未革除」，不准官員在春節相互拜年。六〇年代之前，春節只放一天、兩天假，七〇年代放三天，政府機關春節放假，花了一甲子的時間，才慢慢延長到現在的四、五天。

回首百年，只能說，台灣人太愛農曆年了，愛得堅貞忠實，今天才有長長的假，來享受濃濃的年味。

老藥房的推銷術

日本時代的前半期，台灣各鄉鎮村庄，總有那麼一條熱鬧的「街仔」，戴斗笠的農民赤著腳，穿西裝的「庄役所」（鄉公所）職員騎著腳踏車，小腿綁得像行軍阿兵哥的車夫，拉著兩輪的人力車快步掃過。街景單純，店家也很單純；騎樓下，沒有寵物店或機車行，沒有信義房屋，星巴克不在街角，大同寶寶不會站在電鍋上對路人微笑。街仔有的是餅店、布店、茶行、鐘錶店、油行、米店、雜貨店，店內總是陰暗，沒有人想到要裝十個、二十個燈泡，沒有人想得到照明光亮足以吸引客人。不過，賣的跟庶民柴米油鹽緊緊相連，錢還是賺的，其中，又以中藥店為佼佼者，百年前，報紙曾說：「臺北門市首推藥鋪為厚利。」

日本時代的藥房，多會自己製藥，成為吸客的招牌。例如台中市的日英堂藥房的黃老闆自製「日英補腎液」，台北大稻埕城隍廟旁南街（迪化街）的乾元藥房監製的「何首烏七寶丹」、「元丹」和「平安散」，廣為人知。大藥房除了自己煉丹製丸，也從香港、朝鮮辦各種名藥進口，像是台北市永樂町市場（今永樂市場）前的神農氏藥房，就進口治淋病的香港白濁丸和治男女虛弱的保爾精仙露，屏東市的保安藥房則賣韓國的純人蔘精腦、實母散和大寶丸。這類成藥在歷史大流裡，一直屬偏流，水卻總是不枯；俗擱有力的藥名，拍胸脯的保證，總是能給隱匿難言的病疾暗地的安慰。

那時候的藥房跟現在不同，不見得滿屋子都是藥，屏東的保安藥房兼賣台北景美來的烏龍茶，也賣報紙。台南市藥店的騎樓柱子，綁著一個大看板，不用仔細看，一瞄黑人嘴吮吸管的圖案，就知道是酸酸甜甜的乳酸飲料「可爾必思」的廣告。還有，藥房也賣化妝用的白粉。奶水不足的媽媽也可以在藥房買到煉乳。

藥房做生意，早先只需規規矩矩，看板刻著店號，早起開門，入夜關門，就這麼日復一日，頂多貼幾張廣告單在牆上。但是，日本人來，把許多廣告的把戲帶進來。一九〇七年，台南市八條大街打通，街內布置萬國旗慶祝，街上一家日本人開的愛生堂藥房，趁熱鬧大打廣告，找來一群台灣藝旦坐上花車，鑼鼓隊前呼後擁，在市街遊行一個禮拜。花車裝飾還每天改，每天「爭奇鬪巧。十色五光」。報紙說，台灣人還沒有做過這種宣傳。

慢慢，台灣人的藥店也想出一些廣告辦法。大稻埕的神農氏大藥房是藥界的廣告信徒。老闆巫世傳從員林北上來發展，手腕靈活，印過宣傳單，租三部汽車，到街上去撒。也曾經跟馬戲團合作，只要買香港白濁丸，就送一張看馬戲團的入場券。這個馬戲團到桃園表演，把神農氏藥房宣傳單黏在街上，不料，有個十七、八歲少年竟然動手去撕毀單子。他可不是血氣無處發的無聊少年，而是桃園一家藥房僱來的破壞分子。台北的藥房貼廣告貼到桃園，侵門踏戶，真是孰可忍孰不可忍，桃園本地的藥商大概如臨外侮，才會出此下策還擊，以固守地盤。

日本時代沒有電視、電腦、DVD，最普遍的娛樂就是去看電影。商家送電影票變成當時常見的推銷手法，明治巧克力就很喜歡這個方式。大稻埕的名店「東西藥房」在一九一六年登廣告周知，凡購買該店製造的成藥，分一圓五角以上、一圓以上和五角以上，贈送招待券，請看「活動寫真」(日文對早期電影的稱呼，日治中期以後改稱「映畫」)。

台北台灣人經營的知名中藥店「乾元」更會做生意。老闆陳茂通一八九六年一踏進大稻埕開店，動不動就打折，簡直像丟手榴彈，原本十幾家中藥店馬上五、六間應聲倒地。二〇年代乾元也曾組宣傳樂隊，全台走透透。另外，日本商家會聘請中性打扮的東京松竹少女歌劇團或知名的「天勝」跨海來表演魔術，搞所謂的「娛樂大會」，回饋消費者；陳茂通不遑多讓，走中國路線，抓緊台灣人的胃口，請來復和京班，演出上海最流行一九三〇年出版的台南影像，可以看到藥房滿是看板廣告，琳琅滿目，門前還有立錐型小廣告塔。

店主陳茂通
臺北大稻埕南街九番戸
乾元藥行
電話一〇六七番
振替口座臺灣二四〇番
營業種目
老山高麗
吉林人参
米國人参
暹羅貢燕
銀白雪耳
生熟葯材

上

員林街上，有大型的眼藥看板，房子門柱上也有「中將湯」廣告。

左下

圖為一九一〇年代中期，大稻埕南街（今迪化街）上的東西藥房。除經營藥品批發之外，東西藥房也賣染料、酒類、化妝品、工業原料和醫療器材。

右下

日治初期，知名的中藥店「乾元」已進入南街（今迪化街）。圖為一九一〇年代中期的廣告。

的戲碼《朱洪武出世》。

一九二六年，乾元更是擴大慶祝開業三十週年，舉辦抽獎活動。買一圓藥品，送一張抽籤券，總共發出十萬張，活動規模非常之大，獎額也深具吸引力。第一特獎的幸運顧客可獲得五百圓，大約是普通人二十個月左右的薪水，假如拿五百圓去東門市立游泳池，可以入場六千多趟。

一九二三年，日本皇太子來台之前，乾元又推出新點子。大正天皇的大兒子要來，總督府這邊的神經簡直繃到最高點，皇太子停留一夜的地方，不惜巨資，花上好幾個月，在台北陽明山、高雄壽山、金瓜石，到處蓋「貴賓館」。許多人也因可能近身見龍顏，必須接受身體檢查。當大家都神經兮兮的時候，乾元卻看見無限商機，冷靜籌畫促銷活動。一大堆奉迎皇太子的節目中，有一項是圓山運動會，全島各地學生會湧入台北。乾元藥房便事先到校園大撒「元丹」折價券給學生，一律半價優待，有效期間一個月。乾元大量丟餌，八十幾年前上鉤的小魚鐵定不少。元丹類似翹鬍子仁丹，口服幾顆，生津止渴，遠足旅行常備。

藥房煞似精明，但也有被騙時。有一天早上九點，一個二十一歲的張姓年輕人打電話給乾元，冒名陳清波，要買五十圓的高麗人蔘。說起陳清波，在大稻埕可是無人不知，他爸爸陳天來居茶商龍頭，陳家的漂亮豪宅

乾元目前仍屹立於迪化街，從現今店內藥櫃上方的字樣「米國人參」，因日文稱美國「米國」，可判斷藥櫃是戰前沿用至今的古物。

目前還矗立在貴德街說風華。可以想見，乾元一聽大少爺要人蔘，即使售額頗高，也不疑有他。跑幾條街一送過去，陳宅門口果然站了人等著，自稱是佣人，如此這般，人蔘就給騙走了。

中藥房被騙人蔘，西藥房也被騙過仁丹。一九二四年，下午四點，一通電話打進台中的全安西藥房，聲稱公學校遠足，要訂總價四十圓的仁丹兩百包，約合今天的好幾萬元。藥店小弟到校門口，果然看見一位西裝畢挺的年輕老師。老師收下仁丹，要小弟回去拿收據。隔天，小弟拿了收據再回學校，才發現根本沒有訂購仁丹這回事。

被騙的苦主其實是「全安堂」，報紙所以稱為「西藥房」，因全安堂賣西藥，跟傳統漢藥店不一樣。日治以前，台灣並沒有藥店叫什麼什麼「藥房」，多半就是個店名，要不就加個「堂」或「號」，例如日治初期較知名的有「年茂」和創立於一八五四年的「添籌」。日本人來，開始有「三省堂藥房」、「積善堂藥房」等等「藥房」，台灣人的藥鋪才開始有「東西藥房」、「神農氏大藥房」。

現在的西藥店有稱藥房的，有叫藥局的，這也跟日本時代藥店發展有關。日本統治台灣初期，藥局多指那些在醫院或診所的取藥處，公立醫院的藥局內有專學西洋藥的藥劑師，私人診所的藥局內則有所謂的藥局生。

一九一〇年代以後，慢慢有台中醫院的藥劑師佐藤重利、台北醫院的藥劑師成田清普離職創業，開設「濟生堂藥局」和「高砂藥局」，台籍記者謝汝銓也開「保和藥局」賣西藥，藥局慢慢登上街頭的看板，預告新時代的到來。從此，西藥一直長大，排擠中藥原扮的重要角色。

從日治五十年的報紙廣告看，藥品廣告永遠活躍。特別到後期戰爭中，除了電影廣告逆勢花俏，病痛也不畏戰爭，藥品廣告始終屹立不搖。不過，日治前半期和後半期，藥品廣告有很大不同。

前半期，多是丹丸散湯，後半期，就很接近現代熟悉的西藥系統。藥廠不再是明治以來的津村順天堂（中將湯）、藤井得三郎商店（龍角散）、樋屋（奇應丸）之類；今日大家耳熟能詳的日本幾大藥廠，武田、田邊、三共、第一、塩野義代之而起，逐漸出來擠版面，推出的盡是維他命、荷爾蒙、魚肝油等西方藥品。現在大家還很熟悉的營養藥「保利他民」和「養命酒」、痠痛藥膏「擦勞滅」、抗蚊癢的「面速力達母」（即「曼秀雷敦」），戰前也早早開始調理台灣人的身體了。

第三部

古典罪與罰

怪怪小偷和大盜

有一種客人叫「不速之客」，譬如小偷，不請自來。

鐘敲過一點，秒針的腳步慢下來，分針拖行到半圈，鐵道旅館已經沉睡。突然，服務生山田撞見一個人影，布蒙著臉，手拿著料理菜刀，正在翻東翻西，害他驚聲大叫。黑暗中，不速之客像被打上舞台聚光燈，嚇得他沒舉刀來砍，反倒狼狽逃逸。

未傳出旅館住客損失什麼財物，但一九三一這一年三月底，台北才剛發生重大刑案，火車站內的金庫鎖頭被打開，三千七百多圓不翼而飛，那金額可比今天五、六百萬元還多。台北刑警手忙腳亂，二十九日星期天照樣奔蹄搜索，可疑指紋採到了，一干人等也留置盤問了，仍無法突破。相隔不到一週，三月最後一天的凌晨一點半，蒙面偷兒潛入旅館來湊熱鬧，簡直雪上加霜。

所幸，火車站金庫案「漸入迷宮」之際，鐵道旅館的蒙面帶刀大盜落網了。二十六歲的安武安治原來是旅館的服務生，熟門熟路，其實已潛來偷過兩次，第三次才失手。安武被鎖定後，曾經有人發現他在萬華車站看報紙。現在有全國電子或燦坤連鎖店，嫌犯只要站在騎樓看電視牆，便能窺探警方的動靜；三〇年代沒有電視牆，公眾場所的報紙就是當時的電視牆。刑警推測安武會再去各火車站和圖書館看報紙，果不其然，四月四日晚上八點，就在圖書館把他逮個正著。

八、九十年前的社會，人心器物，一切比現今簡單許多。一九三〇年代全台一年的竊盜案有兩萬件上下，只要情節手法稍有離奇的，像是小偷遮個臉，就堪稱「怪盜」，登上報紙。

五年後，有個嘉義的蒙面怪盜更怪。二十二歲的永井太治半夜兩點進到南門町一棟日式住宅，給裡頭的女老師撞著了，乾脆很禮貌表示他要借旅費去滿洲。佐伯文子老師把僅有的現金兩圓六十錢外加一隻手錶丟給永井。他又交代說，要報官，請兩天再去，不然，他只好殺了她。永井顯然有心要當個有禮貌的強盜，最後再留了一封給嘉義警察署署長，上頭寫著：「這一次到貴寶地打擾，非常對不起。」

日本時代，好像不少小偷喜歡「留言」。

五月的夜裡，高雄市三塊厝這邊下著大雨。小偷與老鼠一樣，晝伏夜出。二十六歲的中崎住在高雄楠梓庄，跑到市區的高雄中學校（今雄中）

來尋找標的，在教職員室裡，偷走九十錢。金額不大，夠吃幾碗麵而已，不過，他順手摸走老師的制服「文官服」，大概可以到當鋪換點錢。臨去前，良心被杏壇的芬芳催醒，在牆上黑板留言道：「因無旅費行竊，請勿怒。」然後轉到附近的第三公學校（今三民國小）第二分教場，偷得十幾圓，黑板已是心情留言板，相同的話又寫了一遍。

一九三四年初春，舊曆年即將到來，一年之中，就屬此刻盜心最火旺。兩個外地人出現在南投的竹山，看準一家「陳協隆精米所」就走進去。精米所就是碾米店，在鄉村地方屬於大店。兩個人跟陳姓老闆說要借筆墨寫信，以前的人真的心思單純，不疑有他。那天生意照常運行，老闆把錢收到櫃內，兩個陌生人也都收看在眼裡。隔沒幾天，便有小偷拿沾了機油的報紙燒了櫃子，沒想到陳老闆早挪錢到保險箱，櫃內空空如也。小偷火大，用碾米機的機油當墨，在桌面上寫下「張竹山」三個字洩憤。

除了留字、留言，另有留尿怪客。此人看起來膽子更大，偷到太上皇機關去了；在總督府翻箱倒櫃，再撒尿留念，氣死督府那些高官。警察抓了好幾個月，還是像篩子撈水。原來十九歲的下村，一路往南偷，最後才在屏東落網。

以行竊地點之離奇，法庭應該勝過總督府。一九三二年，七月氣溫已在金融機關的窗外，總有貪婪的眼神在窺探。圖為日治前期的臺銀桃園的小型分行辦公室。

經很高，時間還是正午十二點，臺南地方法院第四法庭正在開民事庭，張姓原告從恆春來，當他做口頭辯論時，留在旁聽席上的黑皮包，竟然沒長腳也能跑掉。臺南警察署獲報此一「怪事件」，刑事幹員全部出動，黑皮包在臺南神社找到，皮包裡的五十五圓卻已經不見。

一九三六年七月的火燒島怪盜事件也以發生地點震驚台灣。火燒島就是綠島，孤懸在台東外海的太平洋上。根據前一年的統計，全島才兩千一百多人，除了十二個日本人和八位客家人，其他全是講閩南語的福佬人。台北這邊單單一個永樂町（迪化街一帶），就有火燒島的六倍人口。

一個僻靜小島，七月十二日卻驚傳「空前の怪事件」。當天，郵便局（郵局）的紅色郵袋被剪破，裡頭的兩千兩百二十九圓巨款，原先準備送交台灣島的台東本局，卻被取走，消息傳來，「頗衝動島民」。說也難怪，小小的島，就這麼三百戶人家，不是張三，即是王五，地毯一掀，就看得清清楚楚，是誰不要命，竟敢鋌而走險。

隔一天，官方開始逐一調人盤問，十五日早晨，派出所前赫然發現一包東西，用九日的《臺灣日日新報》包住，打開一看，正是失竊的那一堆錢。清點過後，兩千兩百十七圓，只少了十二圓。

小偷可能想還錢消災，但官方不可能歇手罷案。最後，嫌犯浮現了，竟然是火燒島公學校二十三歲的李姓老師。他本來把錢藏在家屋後面的海岸砂中，但眼看哥哥和好朋友紛紛被調查，心生緊張，趕快把錢吐還，不過，偷兩千圓是偷，偷十二圓是偷，偷兩千圓再還一千九百八十八圓，也是偷。錯誤已鑄，李姓老師隨即連人帶案被移送法院。

美國電影裡常出現的結夥偷銀行，九十幾年前，台灣也發生過這等情節。三〇年代以前，台灣的銀行已經不少，台北就有神戶三十四銀行台北支店、商工銀行、勸業銀行台北支店、貯蓄銀行、華南銀行、彰化銀行、臺北信用組合等等，各個建築氣派。臺灣銀行更是箇中老大，台灣各地和海外都有分行。銀行多金，竊賊最愛，但銀行銅牆鐵壁，有金庫保護，偷兒只能望之興嘆。

一九二六年初，有個五人集團，卻結黨壯膽，相中臺灣銀行在桃園的「出張所」（小型分行）。傳聞那裡藏有現金一百五十多萬，他們想著就眼珠發紅、嘴角滲著口水。

他們有淡水人，有楊梅人，有士林人，趁子時夜靜人息，嘯聚出發。鄭金福負責躲在銀行的右側把風；以前沒有「把風」這個字眼，報紙寫做「看頭」。其他人攀過矮牆，由窗爬進店內。摸到事務室，正面的大金庫好吸引人，但鎖匙不符，怎麼都打不開。這群賊不死心，相約三天後再來，

人人身上都是一個時代

ひとりひとりに刻まれた時代を追いかけて

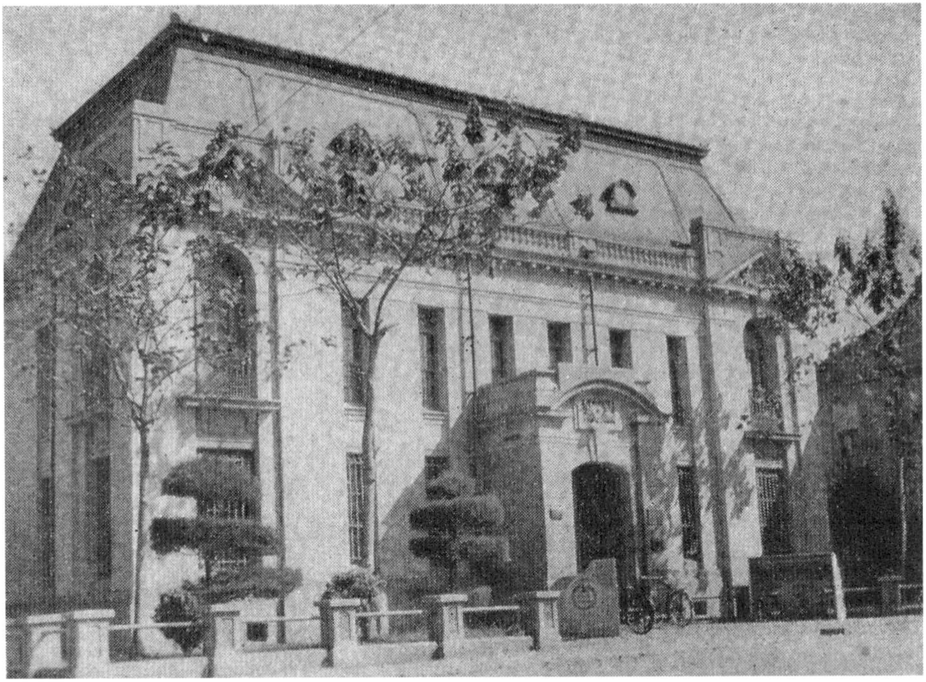

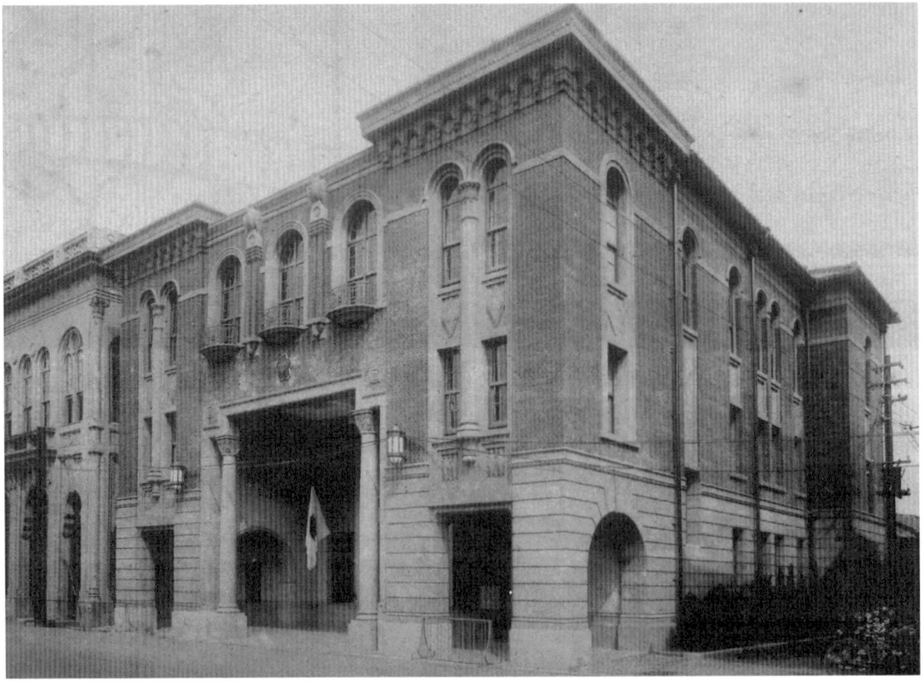

上——曾有五人竊盜集團夜侵臺灣銀行桃園出張所（小型分行），企圖盜取金庫未遂。

下——日本時代的金融機構多氣派厚實的建築。圖為臺北信用組合，現為合作金庫銀行城內分行，原建築仍矗立在衡陽路上。

斧刀剪鋸鎚之類的破壞性傢伙各自帶了，這回換陳地吉「看頭」。大金庫仍然頑固，沒魚找蝦，目標轉向小金庫。結果，敲得咚咚空空，被起來上廁所的青木聽見，一群賊就法網難逃了。

外國電影的銀行盜匪常有車子接應，但戰前台灣很少小偷利用汽車做為犯罪工具。一九三二年，當台灣出現偷賊利用卡車載走豬仔時，大大震驚社會。

十月二十八日要拜拜，台中市的家畜市場內有數十頭豬已等在那裡。前一夜，突然一部貨車開來，一口氣把豬隻載個精光。報紙有兩百字的相關新聞，其中一百多字排成粗黑字體，強調犯罪集團作風大膽，在台灣是第一次見。

依現代人想，偷豬有什麼了不起？一隻豬百來斤，一百斤的批發價十七、八圓，大約普通人一個月的薪水，偷個「數十頭」，就像今天的百萬竊案了。開車偷豬又有什麼驚人的？一九二五年，全台汽車還不到三百輛，三〇年末，增到兩千兩百多，台中州只有五百多部車。這麼少的車輛，追查容易，更襯出小偷的膽子不小。再者，汽車昂貴，買得起車的人理應不必偷竊，冒違法之險，因此，小偷很可能先偷車再去偷豬。總之，以當時的眼光，幹這一票，怎麼想都是膽大包天的「トラック怪盜團」（トラック

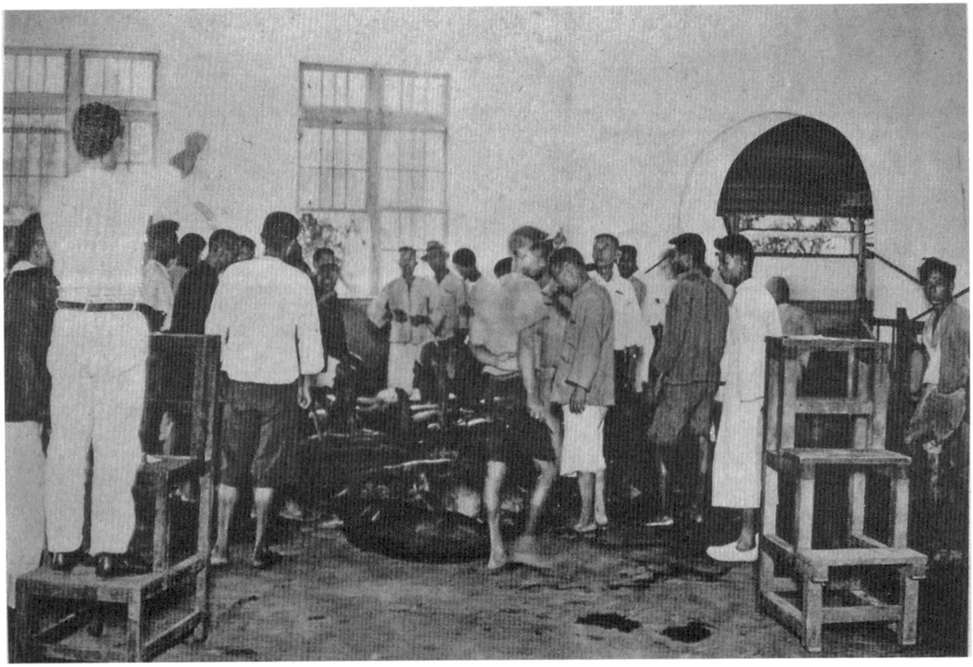

上——台北的家畜市場正在進行拍賣交易。

下——台北家畜市場買賣完成的肉豬再送到圖中的屠宰場。

日本時代載貨的卡車，念成「拖辣庫」，現在福佬語講貨車時仍發此音。

的念音近「拖辣庫」，意指卡車）。

許多人懷念日本時代夜不閉戶，然而，小偷像所有夜行性動物，在各個角落低聲喘息，隨時伺機而出，與時代無關。只不過，二十世紀前半的聲光色、衣食行，還如一張素淨白紙，一些怪怪小偷給畫點小圖，怎麼看，都有一絲簡單的趣味浮出來。

日本時代也有毒品？

日本時代也有毒品！

老實說，連我這種研究日治社會生活歷史的人，初聞當時也有違法吸食古柯鹼、海洛英，都感到驚訝。

今天踏出台南火車站，左手邊斜出去的叫中山路，日本時代稱大正町，沿路曾經有茂密的鳳凰木。三〇年代，在那裡，就有個醫生的家庭涉入販毒。

大正町二丁目有一戶姓蔡，兒子很成材，念了臺北醫專，畢業後回到家裡附近的臺南醫院當外科醫生，事業似乎正要風光起步，卻忽然發狂，像壞了晶片的機器人，開始講些莫名其妙的話，還會到處追著女生跑，蔡父只好把他關起來。

遭此大變，蔡父先傷心，後不甘，滿腦子想把兒子當醫生的預期利益賺回來。他利用兒子的醫生證書，跟台南市的養元堂和愛國堂、台北市大稻埕的東西藥房、屏東的保安藥房等大藥店買古柯鹼與海洛英，透過五個醫生的父親利用台南市的愛國堂藥房，購入古柯鹼，轉賣毒蟲。

下手，轉賣給毒蟲。前後購買金額達兩萬圓，相當現在好幾千萬元。黑暗地道的不法，悄悄運行了兩年半，一九三六年才被警方破獲。

蔡父的部分毒品也流向對岸的廈門。據報載，那邊有古柯鹼和嗎啡毒癮者好幾百人，多半是下層階級的人力車夫和苦力。可以走私毒品到廈門牟利，不少台灣人開始為錢走險。

曾經有一夥台灣走私販子從一個日本人那邊買到古柯鹼，貨到廈門海關，突然被一群稅關官吏拿著槍，要脅交出。搞了半天，原來是黑吃黑。日本人賣出來的根本是假貨，錢騙到手，但怕露出馬腳，乾脆唆使幾個中國人假扮稅關官員，再去把假毒品搶回來。這件黑吃黑發生在一九三六年，此刻似乎是戰前古柯鹼猖獗的高峰，相關的新聞爆多。

現在的吸毒者常因缺錢買毒，去偷去搶，日本時代也有類似情節。一九二七年，新竹北門那邊有個人，本來就抽鴉片成癮，後來又中嗎啡之毒。沒錢打嗎啡，有一天，就跑去東門市場，偷了吳老闆的二十幾顆雞蛋。

以前的毒犯，兩手空空，或者被吳老闆當場逮獲，或者就是被警察查獲，捉到警局去。二〇一五年，台中刑警去竹北緝毒，毒犯膽敢拿槍跟警察火拚，還開車衝撞警車，這等情節，在戰前的舊時代，恐怕連電影的編劇想都想不到。

盜賊拔刀海上來

海上從來都不平靜。

現在的不平靜，從台灣南方的洋面來，一百年前，則從島嶼左邊的台灣海峽來。那時，沒有他國公務員濫殺漁民的情事，卻藏著一種叫「海賊」的恐怖角色。

苗栗通霄的漁村白沙屯，迎著海風，沙丘孕生香甜的西瓜，百年前，沒有高速公路和飆速百里的卡車；七月的大熱天，一艘叫「泉泰號」的運送船靠岸，一顆一顆的西瓜往上搬，裝載了三千多斤，準備去解台北人的暑。

那一天，月初無月，半夜一點，泉泰號駛出白沙屯的港口，不久就挨了十幾槍，原來被一艘海賊船盯上了。賊船直逼過來，二十四、五個剽悍男人，有的拿刀，有的拿槍，有的拿棍子，如猴般跳上泉泰號。泉泰船上，剛好有兩位日本警察隨船巡邏，拔刀與海賊對抗，混戰中，日本警察都受槍擊，一位姓佐藤的警察還落海。其餘的船夫嚇得磕頭求饒，被海賊關進船艙裡。

泉泰號遭劫，不是少例。一九一〇年代，台灣島上沒幾條道路，商家沒幾部汽車，火車還不足以扛起所有運送吞吐量，西海岸則有一條無形的船道，帆影穿梭，載南部的鹽、中部的米，前進淡水港。這些台灣船就成海賊眼裡的肥羊。

一九一〇年代前後，台灣與對岸福建的部分生活商品相互倚賴，台灣帆船載去米、花生、砂糖、番薯、硫黃，福建帆船載來杉木、金紙、麻布、陶器。這群對駛的中台帆船，更是海賊嘴邊的獵物。高雄市前議長陳田錨的祖父陳中和以買賣糖崛起，一九一二年，他的商船載糖往廈門途中，就曾遇上賊船。

海賊不僅強奪貨物，衣服可以，現金不錯，有時船長戴了金戒指，古今中國人人愛黃金，更是非搶不可。

最擾亂台灣西岸海上貨船的海賊，來自福建莆田興化灣外的南日群島。打開地圖，一看就知道，南日島比金門還近台灣。南日島民屬興化人，歷劫歸來的船，最常指控遇見的海盜就是興化人。

當時海盜猖獗，有其「旺季」。十月到隔年四月，台灣海峽有強烈的東北風，海賊反而沉寂些。每到七月，從新聞就嗅得出味道，海盜搶劫的慘事，集中在七到九月。

新竹州（今桃竹苗地區）的外海，最多賊船出沒。新竹州與南日島緯度相當，距離最近，飽受地緣之害。常常七月初，新聞不報導別地，唯獨報導新竹州，說當地的警察要打起精神「警戒」了，設了專門警員，每人都配槍，乘駛引擎發動的巡邏船，船上還架設機關槍。

百年前台灣西岸的海賊，目標在搶奪財物，通常開砲威嚇之後，持槍揮刀呼嘯跳上貨船，若沒有遇到反抗，不至於殺人，都把人關在艙底，釘子釘上，船拖往他處，大約過了一天的時間，等財物洗劫一空，就放船走人。一艘叫金慶順的台灣船被釋當時，海賊臨行還「好意」提醒，叫金慶順的船長要快回家，免得路上又碰上別的海盜船，真教人哭笑不得。

偷車賊最愛的作案地點

一部單車售價幾十萬元，自行車大廠最近的股價衝得比金控、電子還高，這些都不是二十幾年前可以想像的。此番榮景，讓我想起一百多年前，腳踏車初來之時。

一九〇〇年，台北的腳踏車數量，一隻手掌撐開，五指都沒扳完，就已數完。雖然台北街頭的自轉車屈指可數，人口也僅僅六、七萬，但這一年，車禍還是發生了。十月五日報載，一個叫宮本宇吉的日本技工，昨晚回家走到石坊街（今衡陽路、重慶南路一段一帶），突然有一位留著長辮子的黃惠臣，他是廈門瑞起洋行的雇員，騎著自轉車，疾風似的快速撞上宮本。宮本火大，把黃惠臣壓倒在地，扭送有關單位。黃惠臣以不小心為由，日後會引以為戒，此事就這樣了了。

之後的十年，在道路的車界，腳踏車完全制霸，因一九一二年，台灣才有第一部汽車，一九一三年才出現第一部摩托車，腳踏車的競爭者只有車夫拉的兩輪人力車、牛車、載貨馬車。當時認為腳踏車「行動極速」，一〇年代，台北知名的產婆「小佐井サダ子」就以單車奔馳趕赴產婦家中。

遇有急事，一下子數十里，到哪裡都不受限，隨心所欲。

二十世紀最初的十年，腳踏車以珍稀高貴之姿登上台灣的舞台，車主都是醫生、高官、洋行商賈者流。打開報紙，一下子說屏東腳踏車「盛行」，有一百二十輛，一下子說台南「盛行」，有一百零三部。台北盆地周邊，也只有兩百八十七輛。現代人傻眼的微量，當年卻已經很惹眼，大家感覺腳踏車「到處皆是」。

此時，台灣出現了第一條單車道。這麼早就這麼有概念的城鄉，不是政經中心的台北，也不是古都台南，而是最南端的屏東。一九〇五年，當不少人騎腳踏車到台南公園看棒球賽。

一九一七年六月，臺北廳（今監察院）附近舉行了全島單車大賽。

地「阿緱廳」廳長「佐佐木基」建造了屏東公園，內有古樹八十幾株，還有小塘和小亭，依報載，「環園壹帶」，還「敷作自轉車道」。「自轉車」即日文的腳踏車。然後，日本人愛在公園喝酒暢談，台灣人則另有所好，「成群逐隊」、「競走自轉車而已」。

那段時期，每部單車售價，一百多圓到兩百圓不等，報紙說，「可謂豪矣」。讀媒體的用語，就知道腳踏車當年的身價不凡，一般採茶工、製糖工、裁縫的月收入，不過九圓、十圓而已。一直到一九四五年日本時代結束，腳踏車都是生活裡的貴重動產，一如現在價值幾萬、幾十萬元的高級自行車。

物品一貴重，對小偷來說，跟地心引力一樣，無法抗拒。一九〇五年，台灣史上第一個單車失竊的苦主出現了，他是首任衛生署長顏春輝的父親、台南名醫顏振聲。話說九月有一天，顏振聲騎腳踏車往鄭姓人家出診，暫時把車停在門外。進門後，主人招呼入坐，並問有無駕車來。一知道車停門外，馬上禮貌叫童僕去牽車進來。很快，小僕人回來了，卻驚報「自轉車已自轉去了」。一堆人衝出去，才知車被日本人偷走，竊賊也已杳如黃鶴。報紙說，在日本，腳踏車被偷，稀鬆平常，但在台灣，「諒以此為嚆矢（按，嚆矢意為事物的開端）」。

台北熱鬧商圈「榮町」(今衡陽路),家家店前有腳踏車。

一九三〇年前後，台南的一家腳踏車專賣店。

百年前偷車的「獲利」快又高，轉手就有人家工作幾個月的錢，小偷最常拿去花天酒地。不過，腳踏車數少，偷兒銷贓還多屬個人對個人，贓車供應鏈上還沒有店家的影子。

到了二〇年代，腳踏車大增，竊車成常態，小偷且進化到和車店「暗通氣脈」，贓車往往迅即改頭換面。台北市城內有台大醫院，還有好幾個銀行，存錢領錢，看病探病，人來人往，腳踏車停靠最多，是偷車賊最熱門的作案地點。一九二四年，台大醫院的腳踏車停車場就被偷了三十部，警方一查，原來已被解體，賣到中國福州。

三〇年代，單車失竊情節再進化，甚至車店都跳出來當偷車主角了。一位姓簡的年輕人，才二十四歲，就在今台大附近開腳踏車店，唆使比他更年輕的十七歲店員，四處偷車，甚至偷到台灣土皇帝腳邊，賊手直探總督府後門的停車區，得手五十部，價值五千圓，差不多等同今天的五百萬左右，竊取單車的「營業」規模，根本就像現今偷汽車一樣。

好膽賭博要鞭刑

一九〇六年二月初，舊曆年節正熱鬧，台南街上有幾個奇妙即景。市中心的竹仔街派出所裡，蹲了好幾個人，點一點，男人五、六個，少年兩、三個。今天的民生路這邊，當時叫外新街，也有五個男人，被一條繩子綁住，走成一線，一個警察在最前頭拉著。城邊的大路上，只見四個年輕女人，年齡二十到四十不等，合抬一張八仙桌，一人一桌腳。桌上還殘留銅錢和四色牌。

原來，這些人都因過年賭博而被捉被罰。

過年小賭，無傷大雅吧？不行，那時候日本統治台灣，賭博違法，警察捉賭，全年無休。一九〇八年冬去春來之際，台北大稻埕街坊傳說舊曆新年初一到初五賭博沒關係，二月二日，大年初一的正午時分，就有警察跑出來人擠人，一邊敲鑼，一邊嚴正警告，絕無此事，今天誰敢聚賭就捉誰。

清代時期，就有台灣民風嗜賭之說了。連三尺之童，手上有個一錢兩錢，三、五個人碰在一起，隨地就可以開賭。一到過年，更是熱到最高點，廟前店前，賭盤跟流水席一樣，婦女也加入賭局。清代禁賭，但執法不力，有禁跟沒禁一樣。日治初期，認定賭博是台灣一大陋習，強力滅賭，除了抓來關，罰以重金，還祭出鞭刑。

賭犯要被關多久、鞭幾下或罰多少金，沒有一定。台中大甲的頂店村，一個姓潘的就被罰五圓，還挨了二十五鞭。台北西門町的兩個黃包車拉夫，單單被罰鞭三十五下。台南教漢文的書房老師，被罰五十圓，金額頗大，如果他付不出來或不想付，可以選擇改受五十下的鞭刑。台北一個姓杜的原來要被關兩個月和罰十五圓，後來，以鞭刑九十下換取行動自由，十五圓則照罰。

皮開肉綻的鞭刑，固然讓人喪膽，賭性堅強的人卻也永不絕跡；一九〇〇年代，警民捉迷藏的大戲不時上演。以前沒有監視錄影器，如果關在家裡賭，警察要抓個正著，並不容易，於是警察偶爾就「不穿公服」，改穿台灣衫，「扮為閒人」，聽到屋內有「呼么喝六」的賭聲，便「假作臺人音語敲門」。有時也不那麼低調迂迴，布下重兵，前門擋，後門堵，直接就攻進去一網打盡。

以前警察沒汽車、沒摩托車，其實，賭友們腳底抹油，做鳥獸散，往往警察抓十個，可以跑掉七、八個。一九〇五年，嘉義就曾有三個人力車夫在空地聚賭，毫無忌憚。車夫靠腳力謀生，本來就跑得快，警察果然捉他們不到。最後，警察卻耍了一招，把車子拖走，三人丟了生財工具，不得不乖乖去自首。

賭民躲無好躲，有時候乾脆選在明處開賭。一九〇五年，竹北有一群人就在媽祖宮聚賭，前後要道僱人把風，看見巡查大人靠近，「擲石為號」，效果不錯，如此安心玩了一個多月。只不過，有一天，站哨的傢伙坐在樹下，清風徐來，不知不覺，睡進「黑甜鄉裏」，讓這群人「忽聞霹靂一聲」，回頭要逃時，「辮子已在警官掌中」了。

來看富豪斬雞頭發毒誓

特別跑去新莊一睹大眾廟的廬山真面目。走過參拜小道，來到廟口前，頓時變成開闊的大廣場，我心底點著頭，「果然呀！果然真的擠得進兩千人來看熱鬧！」

那是一九三三年的熱鬧，大家要來看台北市大富商葉金塗斬雞頭咒詛發毒誓。

葉老闆靠外銷鳳梨罐頭賺大錢，住在今天的重慶北路、保安街口，目前矗立的氣派大樓，復古樓面就是重現他的舊豪邸。一九二七年落成時，驚艷台北；一般一、兩萬圓就蓋成洋樓豪宅，葉邸硬是花了十二萬的高額建築費。後院的假山水，滿庭的菊花，更極一時風雅，上流官紳紛紛來開「觀菊會」。

但過了六年，烏雲密布，哀歌起奏，豪門的崩壞已經進入倒數。

葉金塗有個親戚姓張，也住台北市，叫葉妻姑姑，從一九二〇年代就開始告葉金塗侵占他的兩甲土地和股權，纏訟了十年，一直沒有結果。一九三三年，又開庭了，東京帝大法科出身的法官石井精一勸他們和解，葉金塗仍然堅稱他沒有私吞張家財產。張親戚火大，就要兩個人一起去新莊大眾廟斬雞咒詛，誰說謊，誰全家死光光。葉金塗也沒在怕，當庭滿口答應。妙的是，坐在上頭的石井法官竟然也決定尊重台灣人的習俗，同意斬雞頭，而且，他會出席。

張家親戚要求去新莊大眾廟，葉金塗主張去大稻埕的城隍廟，法官裁示兩處都去。時間也馬上敲好四月二十七日。

台北難得蹦出這等豪門八卦，又有現場好戲可看，因此，當法官有事，臨時又延到五月十日，戲劇張力簡直又因戲幕遲遲不開而更加膨脹了。

終於等到這一天。新莊第一現場先揭幕，報紙報導說，「四方好事來觀者二千餘名」。約定的十點一到，蹦蹦蹦聲由遠而近，兩部汽車開進廟前，只見石井法官、原告張家親戚和他的日籍律師鑽出車子。唯獨葉金塗好不大膽，敢讓法官等人，未準時現身。過了半小時，仍不見人影。法官下令打電話去催。三十分鐘過後，一樣沒有動靜。

法官看看時間，已經十一點，判斷葉金塗臨陣脫逃了，就叫人去請照相館的攝影師來。十分鐘後，本來說好的雙人秀，只剩張家親戚一個人手拿兩隻白雞和兩把菜刀，像雞農協會拍宣傳海報一樣，兩眼對著相機的鏡日本時代，台北大富商葉金塗的豪邸曾極一時風雅，常吸引上流官紳來賞。

頭。「啪嚓」，拍照存證後，十一點二十分，石井法官就上車離開了。

永樂町城隍廟前的第二現場自然更沒戲可看了，當天湧入的兩、三千人面面相覷，議論紛紛，最後也只能慢慢散去。

葉金塗到底怎麼了？畏戰不出來斬雞頭，是否心虛？大家都在問。

以下一、兩天，葉金塗繼續神隱，只由長子出來面對，指稱斬雞頭咒詛是陋習、迷信、冒瀆神聖法律，而且，張家親戚是「過房子」，沒有張家血緣，發誓張家絕子絕孫根本絕不到他自己。

隔天傍晚五點，葉大公子再加碼，到知名大餐廳「江山樓」開記者會，代替母親發表書面聲明。葉母說，發毒誓下去，必有一邊要絕子絕孫，兩邊人都跟她有關，豈不都會絕到她，若她同意，形同自殺，所以「力阻拙夫」。

葉金塗靠太太躲過斬雞咒詛，但是，一年多後，官司還是敗訴，更可怕的，他的長子之前就已經病逝日本神戶。又沒一、兩年，他自己也因詐取錢財案被判刑。

自此，背後人言，不停在台北漫流，也留給台北一齣豪門警世劇。

第四部

療癒系台灣史

上——小象本性溫馴可親，但揮起長鼻子舔人，輕輕的動作卻也會讓人受傷的。

下——日本時代新竹的兒童遊園地設有動物園，即今新竹市立動物園，入口建築也保留到現在。

那些年動物惹的禍

黑夜＋大道＋白馬＝??

不久前，有位台北駕駛遇上這樣的怪習題。他開著車，車燈不斷衝破黑夜前行。突然，一匹白馬如白衣幽靈，奔到眼前。白馬不與他的車並駕齊驅，而是迎面衝來。還來不及驚叫出聲，白馬又如風刷過，消失在他的眼前。幾秒鐘後，又冒出另一匹白馬，一樣逆向，這次白馬撞斷車子右側的照後鏡。

原來是關渡私人馬場的馬兒落跑，把道路跑成名符其實的「馬路」了。近百年前，台北圓山動物園的動物就開始惹禍。例如一九一七年，大鱷魚溜出去，先藏到松山，四個多月後，才又出現在社子島曬太陽，嚇死人了。

同一年，圓山動物園不斷擴大，八月來了婆羅洲的母猩猩，十月來了澳洲北部的大錦蛇，兩者同梯，一同入住一個新柵籠，但分居兩舍。相安無事過了四、五年，猩猩已一百三十幾公分高，體重也達三十公斤左右。

錦蛇則長三丈三，體圍三尺半，每兩週餵食一次，每次吃掉十隻雞，日子似乎過得挺快樂。

一九二二年有一天，三更半夜，錦蛇卻從汙水流出口溜走。可能是猩猩手伸出柵欄，刺激了蛇，蛇咬了猩猩一口，然後彼此都被搞毛，鬥性全發。大錦蛇距離上次吃雞才過一週，不該餓的，最後卻不僅纏昏猩猩，在漆黑的夜裡，還活吞了猩猩。

動物園佐藤磯吉主任聞訊趕到時，看見錦蛇的嘴還張得跟畚箕一樣大，沒吃飽似的，仍在籠內搜尋下一個獵物。他飼養錦蛇多年，知道蛇性，想靠近救出猩猩，但已經無力回天，拉不出來了。事發隔天，恰值節日，兩千多人入園，見識了錦蛇腹大如鼓的奇景，驚聲連連。既能吞下猩猩，蛇能吞象之說也不得不信了。

隔年，又是秋天，也是月底，這次換白鶴來亂。原本都好好待在園內逛來逛去的白鶴，傍晚時分，像沒先打報告就擅自離營的阿兵哥，突然展翅飛向雲日本時代，圓山動物園內也有珍貴的北海道丹頂鶴。

去。動物園內一陣譁然，沒人能阻攔，只能眼睜睜看牠往新莊方向飛，沒入黃昏。園丁這廂，趕快打電話，拜託新莊那邊的人協尋，並祭出賞金。

後來事實證明，園丁太過緊張，白鶴不是逃兵，也不是離家出走的負氣小子，只不過心血來潮，到外頭兜兜風，蹓躂而已，才過一夜，牠就回家了。

到了一九三一年，則是驚傳有小孩被大象親頰而受傷，動物園主任勝浦輝出面否認，不過，他也證實，確實有「象吻」傷人的情事，傷得正是動物園內的餵飼員。受傷的蔡誘丁宛如大象的媽媽，每天拿著糧草，餵飽這個超大噸位的小孩。象本性溫馴，不過，有一天，蔡誘丁太過靠近，大象才會揮起長鼻子，狠舔了他的臉頰。

最佳療癒系之小鴨物語

猶記黃色小鴨騷動了二〇一三年，回想日本時代，也有許多小鴨物語。早些年，台灣大量製銷聖誕節飾品到美國，其實，外銷急先鋒正是大正初年的可愛小鴨鴨。

眾所皆知，大阪人很有生意頭腦，一九〇〇年代，就有個名叫井上專吉的大阪商人到大稻埕，在大橋頭淡水河岸蓋了兩、三百公尺長的工場，經營一個獨步領先全台的生意。他找台北十幾戶農民當上游供應商，每人每天負責挑送幾百顆鴨蛋來，在他的工場孵化出雛鴨後，就剝製成小鴨標本。現在聽起來有點讓人神傷，都怪那時候西方人過聖誕節，喜歡在聖誕樹旁擺幾隻古錐的小鴨子，增添節慶氣氛。

鴨和雞鵝一樣，都是家禽，鵝毛鴨毛，以前的人只知丟棄，但到了二〇年代，鴨子又幫忙賺洋人錢了。大稻埕的商人收購鴨毛、鵝毛，賣給香港的西方人，充做毛織物的原料，每年出口的鴨毛多達五十萬斤。

日本時代的鴨子還有一項「付出」。百年前，休閒活動流行狩獵，每對戰前的日本人來說，河畔養鴨的景色非常台灣。

年大約此刻的十一月，被認為是獵鴨的「好時節」，台灣北部的野外山坡和水池，到處有鴨子的蹤跡。

那時候，獵友可以拿槍打鳩打鷺，但法令限制範圍，距離人口密集的市街五百多公尺以內、公園、墓地和寺廟附近不准射獵。一百多年前，今天的大安區這邊有個姓王的人，跑去馬偕醫院後方的双連坡，舉槍瞄準附近一個池子，一隻鴨子死了，他也因違反在市街不能打獵的規定，被罰了三圓。

比較起來，如果像二十一世紀一樣，鴨兄鴨妹們只被圍觀、讚嘆、拍照，那可就是鴨子最美好的人間邂逅了。一九二三年四月二十五日星期三，有個人要來賞鴨，為此，一個多月前，六千三百隻鴨子就上工當臨演，到圓山明治橋下慎重彩排，連臺北州知事（州長）高田富藏都到場監督。

正式演出的日子很快到來。前一晚，夜雨洗過天空，這一天，風和日麗，陽光從雲間灑下。圓山這邊的基隆河畔，鴨陣更擴增為一萬兩千隻，散落成十八組，一九二三年，日本皇太子就站在圓山的明治橋上欣賞「家鴨放飼」。

飼主揮著長竹竿，搭配三十幾艘小船，大家早早就定位等待。

男主角終於要現身了。豪華敞篷車的碰碰聲由遠而近，十點二十三分，在明治橋上停住。淺灰色的緊身西裝，麥稈做的巴拿馬帽，瘦而不高的二十二歲男士下車，他是大家口中的「皇太子殿下」，日後的昭和天皇裕仁。皇太子來台已快十天，中南部都視察完畢，這一天要上草山和北投輕鬆「清遊」一下，途中就安排觀賞別具台灣風情的、日本看不到的「家鴨放飼」。

歷史記載，十點三十分，皇太子座車已經通過士林街上，算一算，他走在橋上看鴨子的時間不會超過五、六分鐘。不過，接下去幾年，一竿指揮萬隻河上浮鴨的「奇觀」，仍是皇族訪台的療癒系行程。

皇太子離台三個多月後，清晨有班火車開到苗栗通霄番子寮附近，大約有六百隻的「家鴨軍」盤據鐵軌，擋住去路，聞鳴笛也毫無懼色，司機只得洩氣煞車，下來胡趕一頓。對我最有療癒效果的反而是這群不受控制的鴨子，人生求的不就這一點自由自在嗎？

小象闖進高級料亭了

小熊貓「圓仔」連睡個覺都那麼卡哇衣，惹人愛憐，成為台北動物園的新明星。時間往前推，戰後幾十年，圓仔的前輩是大象林旺，再往前推到日本時代，那就屬「麻——將」最紅了。

「麻——將」是一隻母象，大家暱稱牠「マーちゃん」，可以譯成「小瑪」，但念起來的聲音則像中文的「麻將」，叫起來頗順口，姑且就這樣寫。

一九二六年八月二十六日，麻將先搭船到基隆，轉搭貨運列車，抵達台北火車站。民眾已經聞風而來，圍觀等待者有戴斗笠的、有穿台灣衫褲的，明顯是台灣人。報紙如拿刀刻木，要把歷史上不可忘卻的時間牢牢記著，午後兩點十二分，麻將小象從貨物車的小斜坡走下來，終於踏上台灣的土地，同一秒，新聞記者拚命按下快門。

然後，麻將如何從台北火車站到她的新家圓山動物園呢？用走的。動物園的人餵她樹葉和水，誘騙她慢慢往前。從現在忠孝西路靠左側開始走，第一個轉彎，走進今天的中山北路。路口的行政院，以前是臺北市役大象是圓山動物園的「人氣者」，大人小孩抱著好奇去看牠用鼻子吃飯。

每年十一月，台北動物園舉行動物祭，祭拜並感謝亡去的動物夥伴；巨大的小象成為當然的主祭者。

日式高級酒宴料亭「梅屋敷」鄰近台北火車站，內有寬闊的庭園。

所（市政府），市尹（市長）太田吾一鼻下蓄著髭，和一堆公務員跑出來歡迎。市長出迎的熱鬧沒過幾秒，麻將走一走，明明有鐵鍊圈住脖子，仍然拉不住，突然就衝進旁邊的日式高級酒宴料亭「梅屋敷」，即今天的國父史蹟紀念館。一個小時後，好不容易才入住圓山新家。

之後，麻將就變成圓山動物園的「人氣者」，大人小孩抱著好奇去，看牠用鼻子吃飯，興味盎然。麻將一整天要吃五顆鳳梨、甘蔗葉一百斤、一些普通青草、一斗的水，再加上刺刺的鳳梨葉五十斤，非常驚人。

有一次，中部的原住民小孩到動物園修學旅行，他們在山上看過許多動物，對大象卻很陌生。雖然麻將還是小母象，只有一千公斤左右，他們仍覺得大得可怕。麻將的象腿，在他們眼裡，很像部落的石臼。初看到麻將的象鼻，他們皺眉不解，為什麼象臉上會長出一隻腳來。

日本時代，去動物園已是孩童普遍的活動。長榮集團創辦人張榮發在回憶錄裡說，小學時，老師帶他們到圓山動物園遠足，前一晚他興奮得睡不著覺。隔天搭火車從基隆出

台北市公營動物園後，第二代大門以雙象為主圖案。

發，下了台北火車站，再走路到動物園，花了大半天，雖然只剩半日遊，也很高興滿足。張榮發生於一九二七年，小學時期到動物園遠足，應該看過人氣印度象「麻將」。

三〇年代，麻將是圓山動物園的第一女主角，她塊頭大，存在感十足，能聽命做動作，每年「動物祭」，動物園準備米、地瓜、蜜柑、甘蔗、香蕉和柿子等供品，祭拜死去的動物同伴，感謝牠們的付出，此時，麻將就會身披彩衣登場，代表園內所有動物屈膝祭拜。

同在園內，猩猩「一郎君」也很受歡迎，身高一二八公分、體重六十八公斤，是全日本第一大的猩猩。不過，日本時代，圓山動物園歷經兩次大門改裝，一九三九年底那回的新門，入口正上方還是畫了兩頭大象，那可說是麻將的勳章，證明牠不容動搖的一姐地位。

麻將向來溫馴，還是闖了一次禍，一位叫蔡誘丁的動物園工人，靠近餵食，「被象鼻舐其頰」，蔡桑的臉被這致命一吻，竟然就受傷了，而且還要好幾天才能痊癒。

猛雄藏了十個月的祕密

二〇一三年，給貓熊「圓仔」取個好名字的活動，熱烈進行，進入第二階段，有六個名字開放網路投票。

日本時代，不乏動物明星，不乏有響亮的小名暱稱，但是，為明星動物舉辦命名徵選，只有過一次。主角既非孔雀、雲豹，也非猩猩、大象，而是一對老虎夫婦。

一九八六年，台北動物園才由圓山搬到木柵現址，圓山動物園則早在一九一〇年代中期就開幕了。開園之初，便有一隻印度虎，身長六尺，年齡五歲，每天踩著步，咆嘯稱霸。

雖說老虎的壽命可以超過二十年，但是，早期圓山動物園的老虎，不敵三、五年，便要歸天。又死了一隻老虎之後，養育主任大江常四郎哀嘆說，園內的老虎因為年幼，胃非常虛弱，養老虎好像跟養老人一樣，雞肉都要先搗碎成細末，再拌入雞血。

抱怨歸抱怨，動物園沒有老虎，還能號稱是動物園嗎？一九二〇年春天，大江常四郎奉命前往新加坡買虎去。本來預定出差往返要花七十天，但大江先生一去無返，不幸病逝新加坡。之後幾年，動物園改向日本的動物商人購買老虎。

一九三五年，圓山動物園又從九州門司的商人那邊買了兩隻馬來虎。四月多，鳳山丸駛進基隆港，載來這一對新客，給動物園注入活力。接下來的五月五日為日本的「子供日」（兒童節），園方靈光一閃，決定那天要給兩隻老虎新生辦個盛大的「命名式」。

徵募虎名的辦法，因兩隻老虎雌雄各一，園方就定位為「虎夫婦」，希望市民大家一起來幫忙取個簡潔、好叫、有夫妻感的名字。應徵者要用空白明信片寫上意愛的名字，活動到四月三十日截止，入選者將送老虎寫真照當獎品。

結果，短短幾天，有一百八十五張明信片飛來，跟現在運用網路，動輒萬人參與，無法相提並論，但是，無礙於選出好名字。五月五日那天，進動物園的遊客都可以拿到印刷漂亮的老虎卡片。下午一點半，市長代表人宣布虎君夫婦名字為「猛雄」和「破魔子」，聽起來，虎先生很生猛，虎太太也是不可輕侮之輩。大象接著揮舞長鼻，向新到的虎朋友致恭賀之意。最後，還打煙火，閃閃火花從空中絢爛灑下，整個動物園內更顯得熱鬧滾滾。

猛雄和破魔子的命名秀，可謂盛大收場，十個月後，卻有個烏龍的結局。

猛雄入住圓山不到一年，也難脫厄運，突發怪病暴斃。動物園解剖死體，全部人都嚇了一大跳，猛雄不是男的，牠是一隻母老虎。回想前一年的虎夫婦命名活動，好不尷尬。

這下怎麼辦？動物園只能馬上向遠在門司的動物商人「提出嚴重抗議」，然後，動物園也不能沒有一隻雄糾糾的老虎，於是又跟原廠商簽了一張買賣契約。不過，這回為了避免相同錯誤，交涉時特別強調，我們要買一隻「確實」是男生的老虎。

狗狗的日本時代

日本幕末，一位荷蘭人的家僕帶一隻外國狗狗，從長崎踏上東瀛土地。接著一八六〇年代末期，也就是明治初年，日本門戶向西方大開之際，一隻腳很長、尾巴很細、毛短耳垂的pointer獵犬，跟著牠的英國主人，移居橫濱，開始牠的東方見聞錄。

台灣因中國簽訂天津條約而開放港口，從一八六〇年底開始有外國領事到台南。茶商紛至，基督教和天主教的西洋傳教師、神父接踵而來。據筆者眼力所及，還未讀到相關資料，證明他們帶著狗兒一起東來。

但是，日本統治台灣後第三年，也就是距今一百零九年前的一八九七年九月初，一個在洋行工作、名叫「保羅」的洋人，在報紙上連登三天一則稀奇罕見的尋狗啟事。說是要找「小洋犬一頭」。大概保羅的狗不怎麼像所謂的西洋狗，廣告說了一個「但是」：「但是，白色狗狗有黑點，尾巴還被剪得很短」。當然，就像現在心急如焚的主人一樣，絕不會虧待幫忙找回愛犬的善心人士，保羅也在廣告之末表明會致贈謝禮。

一八九一年的日本版畫呈現橫濱的西洋風情，有腳踏車、戴禮帽的男士、女士撐洋傘，以及西洋淑女腳邊的洋犬。

上
戰前常見可愛小狗擔任商業廣告的主配角。

下
一九二八年的報紙漫畫諷刺所謂的摩登女郎，牽著狗，其實是藉回頭看狗時，可以瞄見男士。

登載這則尋找愛犬廣告的《臺灣新報》，是日治第一份現代化報紙，一八九六年六月才創刊。即使保羅的白狗不算是台灣第一洋犬，保羅應該還是台灣第一個刊登尋狗啟事的狗主人。

一百多年前，台灣不僅不是沒有小狗蹤影，而且還是滿布市街，很容易讓外國人感受到牠們的存在。把台灣烏龍茶輸出國際的重要英籍茶商陶德（John Dodd）曾幽默說，台灣的狗本來對洋人極不友善，會咆哮追

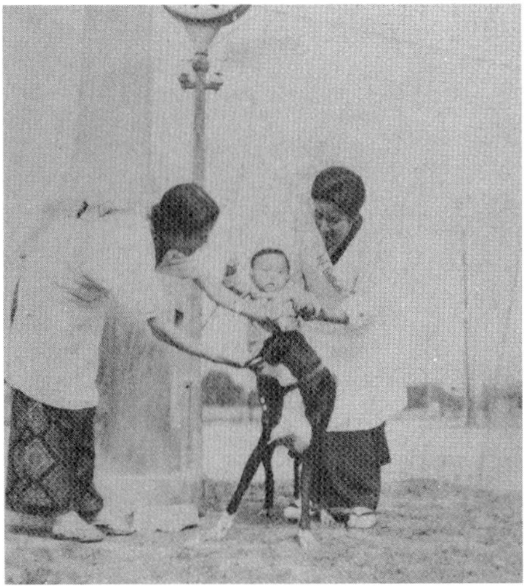

台灣舊雜誌的照片顯示，日本婦女帶幼兒與寵物狗外出。

咬洋人，但一八八四到八五年，法國軍隊占領基隆那段期間，被法軍一寵，幼犬已經會搖尾巴，「跟隨陌生人東晃西晃」了。

其實台灣土狗不僅對洋人懷抱疑懼，日本的第一任台灣總督樺山資紀六月初從基隆上岸履任，七月有一天，自己單獨在西門外散步，也曾被一群黑色台灣土狗包圍狂吠。樺山一氣，隔天就命令部下大舉掃蕩野狗。這下台灣土狗惹到的可不是手無寸鐵的英國茶商紳士，而是揮著刀的日本軍人，旋即慘遭斬首報復。

接下去幾年，日本基於衛生考慮，防制狂犬等傳染疾病，非常努力撲殺野狗。養狗既要抽稅，營救野狗還要罰錢。臺北廳並公布法令，要求家犬要繫鑑札，否則一律視為流浪野狗，撲殺勿論。

但是，野狗和家犬只以掛在脖子上的「鑑札」（執照、許可證）來區別，誤殺事件頻傳。一九〇七年，終於出現一位主人，挺身為愛犬爭取正義。《漢文臺灣日日新報》指出，酒商葉瑞，住台北大稻埕日新街（今延平北路和涼州街口東南一側），他的狗領有第五百十七號鑑札。家住日新街西市的葉家狗，一朝跑到南市閒逛，捕狗大隊的日本人高野也晃到南市，報紙說，高野「乍見該犬。即從而銃殺之」。報紙沒說葉瑞傷心悲憤，抑或頗有法律概念，反正他就告官了。他跟法院主張，狗以六十錢買入，之後每天花飼料費十五錢，養了十六個月，共花七十二圓，所以請求高野應賠償他七十二圓六十錢。

狗綁著鑑札，仍被撲殺的何止葉家狗一樁，報紙說，但要求賠償的「殆百無一二焉。葉瑞可謂飼犬人中之錚錚者矣」。

從葉瑞的新聞來看，上個世紀初，似乎不少台灣人會花錢買狗養狗，然而既不關在家裡，也不拉鐵鍊散步，似乎還不到現在養寵物的程度。

到一九一〇年代，台灣對遛狗還很陌生。那時有份雜誌《臺灣愛國婦人》，常登載各類國際趣聞。一九一五年有一段文章，把賣狗店說成「倫敦最奇者」，「紳士淑女偶一散步。無不率犬而行。每以金環箝其首。區區一犬。雖四五百金至千金，亦所不靳。」靳是古文「吝嗇」之意。倫敦人對狗那般大方，教台灣人很是驚奇。

一九一〇年代的台灣社會，倒已不乏飼養西洋犬的人。一九一四年，也有個姓「菅沼」的日本人登廣告尋找愛犬，說他的狗有「白黑斑」，屬「フォックステリア種」，即英文的Fox terrier，台灣稱「雪納瑞」的英國犬。

而寵若兒女的飼主也已經大有人在。葉榮鐘（一九〇〇年生，報人、

日本時代台灣已有各品種的寵物犬，圖中狗兒應是指示犬(Pointer)。

政治運動家）十四歲那年，在家鄉鹿港當小藥劑生，受僱於日本人片岡醫生。片岡太太高頭大馬、圓臉有酒窩。葉榮鐘猜她大概沒有生育，「所以養一條捲毛的黑狗，一天到晚抱起抱倒」。

「店狗」也現身了，可惜不怎討喜。一九一五年三月底，春花正開，台北大書店新高堂裡，有個年輕男人正在看書。本來畫面很安恬的，老闆的狗兒卻猛然發飆，咬了這位客人的右腳踝。

在西方世界，一九二〇年代開始的兩任美國總統哈定和柯立芝，都曾公開抱著愛犬，大展笑容。一九三〇年代廣告上，時尚摩登女郎常戴著鐘形帽，和狗兒一起演出。

戰前就有「狗是奢侈的家庭動物」的說法，當時台灣是否有養寵物狗的流行，並不明顯。不過，中山北路宮前町的煤商張聰明家裡，就有一隻外國臉孔的狗，據稱是他的兒子帶回來的莫斯科犬，他們給牠取了一個洋名「Charlie」（查理）。從一九四〇年左右拍攝的舊照上看，查理依偎在坐著的小主人腿邊，頷下的鐵鍊隨意橫過小主人的小腿，顯得安逸而愉快，就跟當今萬家愛犬所受的待遇一般。

台灣第一位醫學博士杜聰明在日本時代擔任高等官員，待遇優渥，他家也養狗，取名「吉姆」。和張家愛犬一樣，都取洋名。

台北有錢煤商的私邸庭園裡，名叫「查理」的洋狗乖乖趴著，脖子上繫的金屬鍊子橫過小主人張超英的腿上，十足的受寵模樣。

當年，「エス」（念音同S）似乎頗流行的狗名。在台北靜修女中的刊物裡，有兩篇女學生作文談家裡愛犬，兩隻備受寵愛的狗都叫「エス」。戰後日本還有很長時間，「エス」是日本狗界的「菜市仔名」，漫畫裡常有叫「エス」的狗狗。

從靜修兩位日籍女學生的作文也可以看出，戰前應該沒有專門特製的狗食，一般家犬常吃味噌湯泡飯，非常日本風。當然，也吃生肉、豬肉汁和家裡前晚剩下的菜。

不是端午也能划龍舟

龍舟不一定在端午才划，日本時代就是這樣。

從大稻埕走出民生西路到淡水河畔，這一天，岸邊人山人海，鑼鼓喧天。望過去，河面有幾艘木船，結了彩，做江上遊。也有龍舟漂在其中，划龍舟比賽已經舉行多日。突然，船來舟去，一個不小心，龍舟竟然給遊船撞翻了，還好大家都諳水性，沒有傷亡。這一天是一九二一年七月二十六日，農曆六月二十二日，端午早過了。

一九二三年也一樣，正如現在的四月，昭和天皇當時還是二十二歲的皇太子，中旬抵台。二十一日午後，行程走到高雄。兩點多，天很藍，他坐專艇在港灣內遊覽，向西慢慢行進。快到旗津海岸時，有三艘龍船，分塗紅、白、青三色，一進入皇太子的視線範圍，三船就開始破水前進了。

每艘龍舟坐了三十六位選手，與平常賽龍舟不同，無一大人，全是台灣籍的小學生。

銅鑼發出有節奏的拍子，小選手們像訓練有素的士兵，一個口令一個

日本時代端午時節，淡水河台北橋附近舉行龍舟比賽，吸引人潮參觀。

動作，跟著賣力划著槳。衝過五百公尺外的終點，勝利隊伍放發煙火，選手也把槳立直，高喊萬歲，接著三艘船所有選手再一起立槳，齊呼萬歲。

這一天，農曆是三月六日，端午也還沒來。

對日本人來說，划龍船深具台灣人文的風情，也是台灣人年中行事的大要角，而且光裸上身賣力競賽，表現強健體魄，讓他們很欣賞。日本人形容這件事，便直譯福佬話「扒龍船」的發音，比照他們翻譯異國事物的規則，以片假名寫作「ベーレンツン」或「ベーロンツン」。

對在台的日本高官來說，要安排有台灣風味的活動給皇室，扒龍船是絕好的選擇。特別是高雄的學童出演，給皇太子臨賞過後，就變成「高雄港獨特の珍奇なる催物」。之後，裕仁的弟弟秩父宮、北白川宮能久王妃、賀陽宮恆憲王來台，都安排看了高雄的划龍舟，而且，根本不管什麼節令規則，無一次逢端午，龍船照划。

三〇年代，非端午的時節，台南鹽水要辦三天的市集，台北要辦產業展，都找扒龍船來熱場。台灣博覽會隆重登場，雖然是十月，台灣味十足的賽龍舟還是出陣了。日本時代，龍船已游出端午的汨羅江。

上

一九二三年，日本皇太子訪台，高雄港內，特別安排台籍小學生划三艘龍舟競速的節目。

下

一九三二年春天，慶祝基隆市廳建築落成，社寮島（今基隆和平島）的沖繩出身的青年也參加划龍舟競賽。

人間無處不花火

黑夜高空，突然爆出流星般的火花，地上人間，齊聲讚嘆綺麗，日本時代的台灣生活就有這樣的風情。

中國人發明火藥，傳向世界。日本德川家康一統江山，戰國時代結束，各城藩的殺伐爭戰停止，火藥的武器角色慢慢轉變成遊樂用的玩具。十八世紀前半葉，關西大饑荒，關東這邊也飽受霍亂之苦，有人就在今天東京的兩國橋畔放煙火，消災祈福。當時煙火只能打出自然光一個顏色，到十九世紀後半的明治時代，西歐的化學品輸入日本，煙火就不一樣了，五顏六彩，彷彿魔幻師，把夜空妝點得無比絢爛。

到現在，看煙火是日本生活的大事。日本人是季節動物，什麼季節從事什麼活動，有一定的規則。春天不看櫻花，等於沒過過春天，夏夜要穿浴衣看煙火，夏天才能叫夏天。每年七、八月，有幾百場的「花火大會」在全日本激動登場，還有花火的競技大賽。

日本時代，台灣所見的花火大會缺乏如是的夏天「風物詩」性格，較

一九三五年，台灣博覽會期間，在萬華河邊也放了花火。

多是屬於慶典的餘興活動，一如今天的國慶煙火。二〇年代，宜蘭線鐵道開通、皇太子來台、台北鐵橋通車、斗南某個戲院開幕、台北某個報社週年慶，都以放煙火助興。

又如一九一九年，一次世界大戰結束，台北的英美洋人開著車在街上歡呼，大稻埕這邊的台籍商家名流，由板橋林家代表人、前華南銀行董事長林熊徵發起，也辦了盛大的慶祝會。除了學校門口有拱門型的匾額，寫著「祝戰捷平和」，夜幕低垂之際，淡水河泛著小舟，船上人員把花火放到水上，一點一點火光，隨水輕漂，偶爾還飛跳起來，這就是日本愛知縣三河地區有名的「金魚花火」。

日式花火有很多種，高空散花一般的「打上花火」，地上火樹一般的「仕掛花火」，日本時代都施放過。那個年代，台灣另有廣東煙火和彰化煙火。例如一九〇一年，大稻埕要大拜拜，就去找廣東潮州的專門店買煙火，順便付船費，僱了四位煙火師傅來台北。

「彰化煙火」當年是一個專有名詞，據報紙的解釋，大約一七五〇年代，有位漳州老人，把廣東煙火的祕技帶來台灣，定居彰化，衍成地方的特色產業。一九二三年，皇太子訪台，台中就以彰化煙火歡迎他。從表演節目單看起來，很有中式風味，像是紅白綠三色的火光中，現出三個人模

人人身上都是一個時代

ひとりひとりに刻まれた時代を追いかけて

上——一九三〇年十月一日，台灣地方自治制實施十週年紀念日，於臺北新公園（今二二八公園）施放煙火。

下——圖為臺北新公園施放的「彰化煙火」。

樣的煙火，稱為「狀元遊街」。

戰前，不論台式或和式煙火，都已有打字幕的能力。例如一九二五年，為歡迎皇子秩父宮，台中的天空出現過「秩父宮殿下奉迎」的字樣，還發散淡淡的紫色光芒。

不過，日本時代有一種今天已經不打的煙火。運動會或飛機表演會，任何大型聚會開幕，在沒有麥克風的時代，常常就要來打個一發、兩發或三發有響聲的煙火，大家抬頭一見，就知道要往會場聚攏了。

陽明山上不看櫻花

春天上陽明山，最為桃花感到寂寞了。

在那山上，大家一心追著櫻花。

賞櫻這回事，部分是戰前日本人帶來台灣，部分是戰後日本文化移植，四處拚命種出來的。但日本人統治台灣的時候，陽明山舊名「草山」的所在，他們可不熱賞櫻，而是如看愛人般醉心於桃花。

日本時代以前，早有中國和尚把桃樹傳入台北士林，等愛賞花的日本人來，士林草山的桃樹早已種滿山谷，一〇年代，草山便成為「本島唯一の桃花の名所」。

那時候草山的桃樹應該多紅花，報紙會說，從草山街上遙望過去，「一片如紅雲」。每年時節一逼近二月，日本人就像蜜蜂蝴蝶，在山間飛來飛去，熱切等著紅花開。報紙也會開始報導花況，草山桃花「漸開」、「滿開」，等差不多二月底，又會略帶惋惜說，「草山桃花散矣」。

一百年前，如果早上八點從台北火車站出發，到士林站下車，再到草山，已經十一點了。這麼麻煩的交通並不阻礙日本人，不去「花見」（日文的「賞花」），就不叫日本人了。他們會像日本本土賞櫻一樣，三三五五成群，帶著酒食，坐在桃花樹下暢飲。

二〇年代，台灣人也加入賞桃花的行列，許多士紳寫了相關的詩。著名的小說家、詩人賴和醫生，也在一九二四年寫了詩，題名「聞草山桃花

草山公共浴場眾樂園（今台北市教師研習中心，**上圖**）前，曾有台灣婦女抱著一枝枝桃花兜售。（**下圖**）

正盛因寒復雨未能往」；雖因又冷又下雨作罷，但顯然賴和已知上草山賞桃花這等雅事。

賞花者愈來愈多，煞風景的傢伙也多起來了。有一天，一個日本人折了一枝桃花，被台灣人地主逮個正著，兩人言語不通，一起到派出所解決。台灣人要求賠償五圓，日本人嫌貴，桃樹主人回嗆，肥料錢就不只五圓，何況，這一枝桃花可以結好幾年果子。最後，賠兩圓了事。

事關財產損失，折桃花不單風雅掃地而已，而是花賊的行徑了。當地人曾氣得說，誰敢折桃花一枝，該斷他一指才行。後來事情的發展竟然有了雙贏的轉變。三〇年代，草山的春天多增一景，台灣婦人戴著斗笠，抱著一枝枝桃花，在草山公共浴場「眾樂園」（今台北市教師研習中心）前兜售，如此一來，愛花者不用偷摘，擁花者也得利，皆大歡喜。

話說回來，雖櫻不及桃，台北仍有賞櫻，知名景點就在竹子湖。日本時代，草山歸草山，竹子湖是竹子湖。現在，草山櫻花勝桃花，竹子湖的海芋也紅過櫻花。一百年後，又會是什麼新人來洗牌呢？

為路樹繫上第一張身分證

我住台北東門附近，不論往南門或往台大醫院，左走、右走，都在行道樹的影子裡穿梭。那個方向的「三線道路」，原就是台北路樹界最隆重盛裝的、最老牌的第一紳士。

三線道路是日本時代的一個專稱，意指現在的四條馬路，包括火車站前的忠孝西路、到監察院轉南的中山南路、到中正紀念堂往西轉的愛國西路、過了小南門往北轉近的中華路。現在看起來如四戶無血緣關係的鄰居，但在日本時代，四段馬路構成一個長方形，同屬一個家庭，共有「三線道路」這個門牌。

三線道路的前世為清代建築的中國式城牆，日本人來，拆了厚厚的牆石，露出空空的四條大路，便開始引進歐美的城市元素，廣植行道樹，隔出三線馬路，蛻變成台北最初的林蔭大道。

戰後，台灣以紀念國父為名，在孫文逝世那天辦植樹活動。日本時代前期，民間則曾發起於明治天皇去世紀念日植樹。早在一九一三年七月三由四段馬路構成一個長方形的「三線道路」，為台北最初的林蔭大道。

十日，明治天皇死後一週年，臺灣日日新報社就選在今天延平南路、愛國西路口種了四株榕樹。現在，重回路口，確有三、四株老榕垂了滿臉根鬚，看守著一旁的古城門。

無法斷言他們正是百年前在此落腳的四小榕，但是，整條中山南路的大王椰子，如兩列雄壯衛兵，來自日本時代，駐守已快八十年，則是紀錄明確。據一九三七年十月的新聞報導，舊樹已經開始撤掉，準備改植大王椰子。

三線道路透過綠樹捎來的現代化都市風情，還有更細緻的一章。現在台北到處可見路樹身上圈著名牌，最早的樹名牌可追溯到一九三四年。前一年，日本倡行四月二日起連續三天的「愛林日」，台灣這邊響應，也做許多愛林的好事。一九三四這一年，第一片名牌就獻給台北的三線道路濃密的大樹。從舊相片看，三〇年代的樹名牌記入了學名、日本名、科名與用途等四項。

不過，看似進步，當時主其事的「臺灣山林會」會員卻用釘子把名牌釘在樹幹上，嚇得植物學家急跳腳，期期以為不可，搬出東京的做法，還畫圖示範，希望名牌能陪著樹，立在樹旁，而不是打釘子，讓樹傷、讓樹痛。

上｜三〇年代，臺灣山林會在三線道路駕車張旗宣傳愛林的理念。

下｜台北行道樹設置名牌，始於三線道路。

上｜戰前在台日本人已經開始熱烈給台北行道樹設置名牌了。

下｜三線道路的茄苳樹被釘上名牌。

第五部

地的時光垂直線

臺灣銀行「重返」上海

臺灣銀行目前在上海地區有兩個分行，幾年前向中國申請設立獲准。事實上，臺灣銀行並非初登上海，而是「重返」上海。

臺灣銀行非常老，跟十九世紀還沾上邊，創立於一八九九年，也就是日本時代的第五年。日治下的臺銀，猶如臺灣總督府的「中央銀行」。當時，台灣有自己的台幣，紙鈔由臺灣銀行發行，有一圓、五圓、十圓和一百圓等面額，銅板才與日本本國互通流用。

依日本時代的生活經驗，一百圓比兩、三個月薪水還多，百圓大鈔遠比現在的兩千圓鈔票更加少見。各面額鈔票的背面都印上鵝鑾鼻海邊及燈塔的圖案，唯獨百圓鈔的背面右方，還多了濃綠的檳榔樹，於是民間戲稱為「青仔欉」(冒失鬼)。

臺灣總督府相當獨立，許多事不受日本內閣節制，臺灣銀行也不以小殖民地的地方銀行自限，新創之初，就快步向海外拓點。一九一〇年之前，南中國的沿海城市，廈門、福州、汕頭都已設分行。一九一一年，臺銀挺

戰前原在上海外灘的臺灣銀行，圓柱上方有「THE BANK OF TAIWAN」的英文字。

THE BANK OF TAIWAN

日本時代，台灣流通的紙幣由臺灣銀行發行，兩圖分別為百圓紙鈔正反面。

進上海。接著整個一九一〇年代，臺銀向世界投遞名片，陸續成為新加坡、倫敦、紐約、印度孟買金融街上的一員，其腳步甚至比去桃園和南投還早。

戰前的臺銀，在上海留下深深的印記。說戰前上海的繁華，一定要說租界。租界起點叫「外灘」，原是臨黃浦江的一片泥灘，英國人從這裡開始埋樁造樓，一步步引領上海走向現代化。到了三〇年代，外灘有二十幾棟高聳宏偉又古典的建築，一字排開，既是摩登上海的地標，也是上海躍為國際大城市的定裝照。

在這群身分不凡的大樓隊伍中，有一棟略顯小巧，但平常人若步向大門，四支粗壯的長柱，仍有仰望希臘神殿的渺小之感。柱頂上方，有一排英文字，從左到右寫著「THE BANK OF TAIWAN」，就是「臺灣銀行」。目前，這棟臺銀上海支店的舊樓仍日夜凝視著黃浦江水，只是英文行名已經被更大、更亮的「招商銀行」四個字取代了。

臺灣銀行會在上世紀初銳意國際化，跟「頭取」（等同於董事長）柳生一義有關。他畢業於東京帝大，先任臺銀副頭取，一九〇一年出任頭取，長達十幾年，其間到歐美考察，被認定對台灣財政發展有功。日本人曾在台北新公園塑立銅像。現在，若從公園路人行道左轉襄陽路，左手邊馬上可以看見一個圓弧牆面，走進去看，弧牆內包拱著孔子像。銅像基座上，

人人身上都是一個時代

ひとりひとりに刻まれた時代を追いかけて

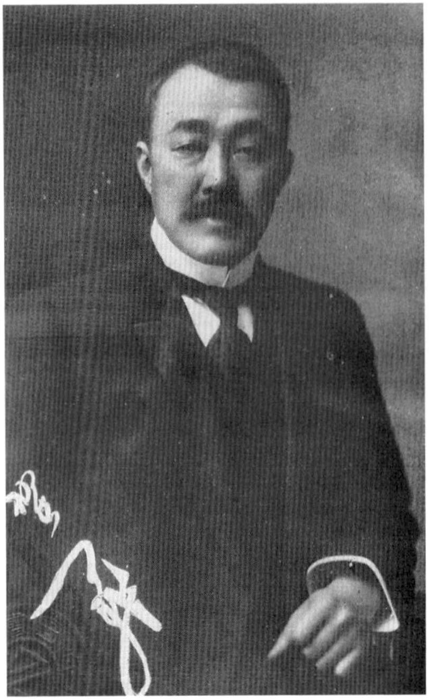

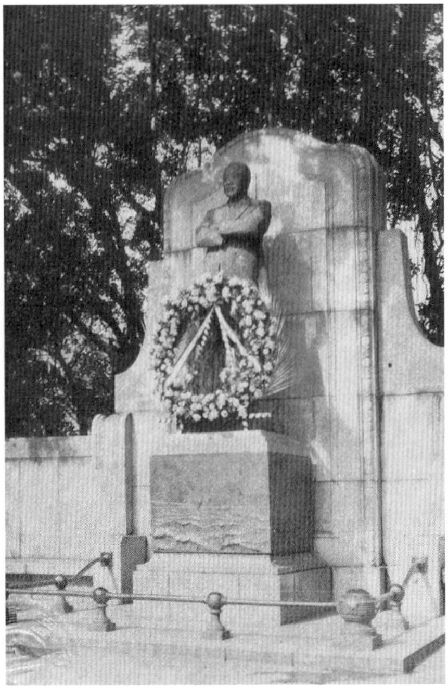

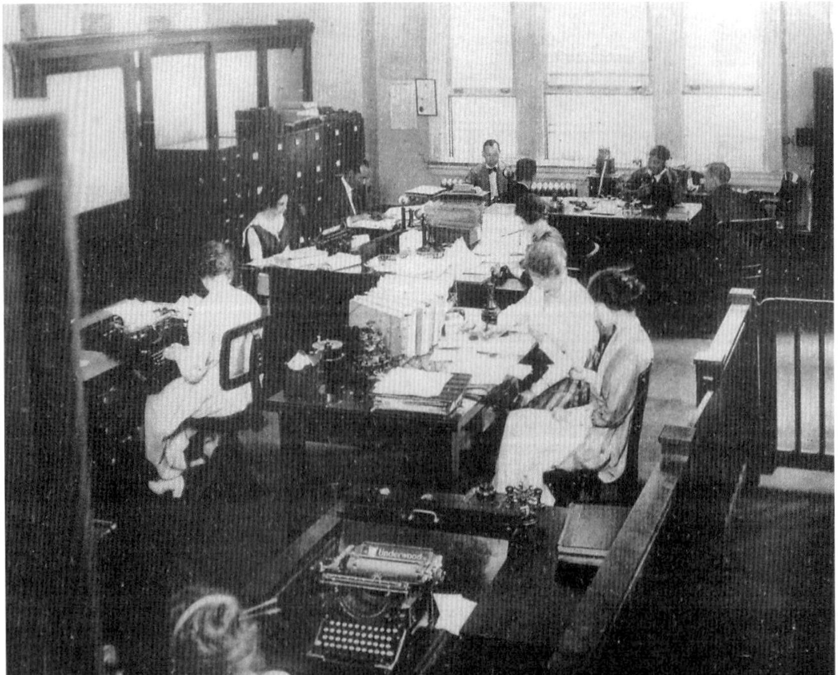

左上——柳生一義曾任臺灣銀行的「頭取」（等同於董事長）。

右上——柳生一義領導臺銀十幾年，把臺銀帶向國際，新公園（今二二八公園）內有其銅像。目前基座仍在，只不過改豎了孔子像。

下——日治時代臺銀的紐約分行，有幾個洋人面孔。

原先站的正是柳生一義。

柳生此姓在日本很容易教人眼睛為之一亮，德川幕府初期，第二、三代大將軍的劍術老師就是柳生宗矩。柳生宗矩寫了《兵法家傳書》，標舉劍道「無刀」的禪境界，與宮本武藏的《五輪書》同為日本劍道兩大經典。柳生一義即來自這個劍道宗師的家族。

日本時代，台灣跟上海除了有臺銀大樓這種金融因緣，電影和服裝等流行文化受上海薰染，更是深刻。一九二〇年代台北數一數二的酒樓「江山樓」，老闆吳江山也是觀覽上海之勝，才大手筆蓋豪華高樓的。兩地的關係千絲百縷，真是一時三刻也說不完。

東京火車站的呼吼

二〇〇五年，五月初，我到東京，去找一座銅像。

我不知道那銅像尊容誰屬，只知它出現在一張非常重要的台灣歷史照片上。這張歷史照片被用於《台灣霧峰林家留真集》及李筱峰教授所著《台灣史100件大事》的封面，珍貴意義不待贅言。

這張照片是日治時期臺灣議會請願運動的代表影像。請願運動的意義，一方面是台灣人開始學習現代的政治運作模式，將不滿的意見，以筆和口代替刀棍，向民意機關表達。更重要的，這是一場長達十四年對抗殖民專權統治的運動。年年透過知青士紳收集簽名，把或千或百人連署的請願書，帶到日本帝國議會呈遞。寄望列入議程，形成討論，對臺灣總督府施壓，讓台灣人有選舉議員、組織議會、監督預算等權力，以打破總督府集行政、立法、司法權於一身的獨裁統治。

戰前台日交通主要以大輪船為主。請願代表年年總是船抵達神戶港，再轉搭火車進東京。一九二三年起，連續多年，每次都有年輕留學生到東一九二三年起，連續多年，年輕留學生都到東京車站迎接設立臺灣議會請願運動的代表。留學生手拿「平等」、「自由」的旗子、唱請願歌、呼萬歲，再乘車散發傳單，成了一九二〇年代幾次請願的儀式。

東京火車站對台灣人和對日本人有著不同意義。

井上勝銅像目前矗立在火車站正前方，與戰前的位置不同。東京車站百年紀念再開發之際，井上勝的銅像已撤離車站前廣場。

京車站迎接。留學生手拿「平等」、「自由」、「打倒專制」的旗子、唱「臺灣議會請願歌」、呼「萬歲」，再分乘汽車前往神田區、牛込區，沿途散發傳單，成了一九二〇年代幾次請願的儀式。

東京行前，我做了功課，但只知照片在一九二五年二月東京火車站前拍攝，我也找到戰前東京火車站舊照，確有一座銅像在遠處若隱若現。但不知道他是誰，如今焉在。比對地圖和舊照可知，請願代表一行應從火車站右翼的「降車口」（下車口）出來，往右前方不到一百公尺的銅像下，拍下紀念照。

但我按圖從東京火車站鑽出來，一眼望去，卻是什麼突出的亭梁柱像也沒有。轉了站前廣場一圈，才赫然發現車站正門口，一群灰鴿聚處，正是銅像所在。這座銅像在一九一四年東京車站落成當年植上去，以紀念日本鐵道之父「井上勝」。井上勝一八六八年出任「鐵道頭」（鐵道總裁），帶領興築日本人自力完成的第一條鐵路。經過仔細比對，寫上井上勝的名字勳位與標示大正三年竣工的紀念銘板還在，銅像則明顯已經改製。

銅像位置和模樣可改，但九十年前台灣人在銅像下的吶喊與追求，將永遠定格於那一張相片上。至此，我終於知道了，與其說去找一座銅像，不如說我想去聽那些個年輕而熱情的呼喊。

從東京回來，更發認知台灣歷史並不當然發生在台灣島上，這一點在談日本統治台灣歷史時更為顯著。其中，東京又可能是歷史藏量最豐富的城市。

日本從屈辱開國，開啟明治維新，決意全面西化，學習歐洲之後，日清戰爭讓他拿到台灣這第一塊殖民地，初嘗富強的滋味。對台灣來說，四百萬人雖為異族入主之辱而齊聲同一哭，但同時意外成為一個逐漸強勢帝國的一部分，其中的好壞非像切豆腐一樣，可以清楚精準一分為二。日本統治確實開拓了台灣人視界和觸角，而東京正是一個日本向殖民地人民誇耀的櫥窗，反過來也是台灣人學習近代新事物的重鎮。

日本統治初始，就有連續不斷的「內地觀光課程」，半強迫地讓台灣人到東京一遊。一八九六年初春，首任總督樺山資紀回東京，台北大茶商李春生以「視察員」身分，搭上樺山的「新發田丸」，隨去東京旅遊六十四日。回台後，寫成遊記，分批發表在《臺灣新報》上。李春生遊東京，是一明顯的開端，此後，許多士紳資產家被鼓勵踏上這條參訪學習之旅，回台後，並發表紀聞於報上。

接著就是因受教育的因素，台灣人來到東京。樺山資紀的新發田丸船上，就載著名義為「留學生」的李春生孫子和親戚，七個小留學生年齡從十二到十六歲不等。

另外，即便姚土水這般微小人物，也曾在十九世紀末被帶到東京念書。姚土水的母親陳法正是當年拿梯子給日本軍，讓日軍進台北城的人。接收台灣北部的近衛師團團長北白川宮能久親王把姚土水帶在身邊繼續南進。幾個月後，北白川宮急逝，姚土水就被送到東京念小學。

往後，許許多多台灣少年少女到東京當起小留學生。東京跟他們關係之深，姑不論知識或見聞，從很多人忘記鄉音，不會講台灣話也可見一斑。不可否認，台灣的現代藝術、音樂、雕塑，甚至法學、齒科醫學，也以東京為搖籃，培養出第一代的西洋畫家、音樂家、律師等等。這種情況直到一九三〇年代的昭和時期仍未改變。

除了商紳觀光和留學，台灣歷史在東京發生的另一重點，要屬日治中期的抗日活動。東京車站就是一例，為台灣歷史舞台提供豐富的背景布幕。

一九一〇年代，台中的豪族士紳林獻堂和蔡惠如分別在東京巢鴨和涉谷有私邸，和最早一批到日本修學法政的林呈祿和蔡式穀等留日學生時相往返，討論如何改革台灣的政治社會，組成「啟發會」。後來人員摩擦，一九一九年組織解散。一九二〇年一開年，蔡惠如就在家裡邀集留學生，元月十一日重組為「新民會」。成立當時，大家一致贊成應辦雜誌，但沒有下文，因為經費無著。

三月六日，蔡惠如即將離開日本，前往中國北平。就在東京火車站，臨行他悄悄拿出一千五百圓給來送別的林呈祿，囑咐這筆錢用做發行雜誌，即使一、兩期也要創辦，以免讓年輕人喪氣。《臺灣青年》雜誌社於焉誕生。

整個日治時期的抗日言論媒體，《臺灣青年》是個起點；新民會也像是蒲公英，種子飄散，落地生出後來一連串的抗日組織和行動。雖然《臺灣青年》雜誌非單靠蔡惠如的一千五百圓撐起，還有辜顯榮等人捐助更多金額，但蔡惠如當年經商不順，頗有自身難保之態，卻依然願意拿出大筆錢來。今天再站在東京火車站內，蔡惠如那種不願見年輕人失望的長者心情，淡淡而鄭重的話語仍能穿越時光，發出震動人心的力量。

東京火車站完成於一九一四年，當時是一座紅磚的巨型建築，長三百三十五公尺，龐大的體積是一個帝國主義列強的新生可以出門打勝日俄戰爭的一種得意象徵。幾年前，東京人票選東京遺產，東京火車站勇奪第一名。但我知道，東京對我的意義，並不在此。

早稻田的咖啡店

五月初從東京回台北的那一天，班機訂在午後，剩下的一個上午，我想，就去早稻田大學看看吧！

對大學有種偏好，總認定大學生群聚之處，即使沒有書店，也一定生氣蓬勃。幾年前到東京大學門口，進了一家古老的紙店，店內的老婆婆應異國生客的請求，找出「店內最特別的紙」；她從昏暗謎樣的紙堆裡，抽出彷彿一匹布的紙，笑盈盈抱出來說，「這些是在敝店睡了五十年的紙」。我忍不住驚叫，趕快拍拍手，買它一捲轉去台灣繼續當睡美人，而且絕不教王子找到，不讓她有機會被吻醒。

對早稻田大學，筆記本倒是記著「牧舍咖啡館」幾個字。不過，心裡惦著好幾個問號，並不確定現在的早大前面還有沒有這家咖啡店。

日本統治台灣五十年，有許多對抗日本總督府不平等統治的行動。臺灣議會設置請願運動是其中「動作」最大的，跨越十四個年頭，連續十五次跨海到東京去向帝國議會請願。若用傳統中國人的概念來類比，這個行動彷彿「京控」。也就是到京城所在，越級向中央機關控訴地方政府各種胡作非為。雖然不是像古代那樣「哀哀上告」，而是採取今天民主社會都知道的「請願」，但對臺灣總督府的顏面總是極其損傷，如眼中刺、喉上鯁。

談臺灣議會請願運動，《臺灣民族運動史》一書可謂最原始的一手資料，執筆者是當年在東京參與其事的人。這本書上，兩度談到「早稻田大學前牧舍咖啡館」。乍聽起來，次數不多，但十五次的運動中，相關歷史人物穿梭或停留的諸多地點，卻也只有「牧舍」一處是咖啡館，其他不是基督教會館，就是機關、雜誌社。

回台灣那天午前，出了地鐵，發現早稻田大學很容易找，揹背包的大學生就是地圖和羅盤。那天，我是左轉進「早大通り」這條路，直向路底的早大正門走，所以，「早稻田大學前」都走過了，但是，沒有半家店的看板寫著「牧舍」。

早大正門前倒有喝咖啡的小屋子，不會這就是牧舍的變身吧？走進去，一大堆早稻田一百二十五週年校慶的紀念商品，從T恤、帽子、茶杯到單字本、小毛巾，預備賣到二〇〇七年真正的一百二十五週年校慶來時。這裡顯然不是牧舍。不過，這裡的收銀小姐知道牧舍。我瞪大眼睛、張大嘴巴，興奮等著她告訴我怎麼找到現在還找得到的牧舍咖啡店。聽起來不遠，沿著早大前的橫路走過去，就會看見。果然離開小店，才沒兩步，前路有座七、八層樓高的建築近在眼前，頂樓罩著黑底白字的看板，寫著「高田牧舍」。

知道我的來意，牧舍咖啡店的藤田老闆娘沒有太大驚訝，一副遇多歷史愛好者的老神在在模樣。她像博物館義工一般流暢的指著牆上舊照解說，馬上就發現台灣的歷史書應略做修正，咖啡店的全名叫「高田牧舍」，不單是「牧舍」。

一九〇五年四月，早大正門前有人開起當時新流行的牛奶館，賣新鮮牛奶，每天早晨還配送牛奶到早稻田創辦人大隈重信的家。因為牧場位在不遠處的高田町，便取名「高田牧舍」。後來，店主二十五歲的兒子藤田源太郎跟地主借地又借錢，以五圓借款，買了幾張圓桌和椅子，開始做起店頭生意，除了牛奶，也賣西洋料理。

從此以後，百年來，即便早大的正門已改成南門，高田牧舍仍守候不移，融為早稻田大學的一部分。學生被不當處分，在這裡開校友緊急大會；運動部的選手以此為連絡站；著名的英國教授H. A. Cox在這裡吃飯；知名影星吉永小百合的電影以此為拍攝景點；吉永從早稻田畢業那天，也在高田牧舍大唱其歌，送別青春。早稻田和慶應大學在神宮球場打高田牧舍咖啡店位於早稻田大學南門這邊的街上，遠遠就可看見大樓頂寫著「高田牧舍」。

棒球大仗時，高田牧舍的老闆娘會給選手做便當。對鄉下來到東京念書的早大新生，藤田源太郎夫婦總是不吝出任入學手續的保證人。

台灣議會請願運動在高田牧舍留下痕跡，一次是一九二四年一月五日留學生團體「臺灣新民會」十六人在此會議。一個月前，總督府全台大拘捕議會運動六十幾位成員，留學生決定不受恐嚇，繼續請願行動，並且要幹一些新辦法，像是招待與策動記者、議員，形成輿論與民意壓力。另一次則緊接在半年後，留學生又在此地歡迎從台灣來的請願委員。接著就真的展開一連串找政客、議員和新聞記者的密集行動。

東京留學生組織選擇高田牧舍咖啡店，與他們的主要活動地盤「神田」其實有點距離。這兩次何以選擇高田牧舍，不得而知，但臺灣議會請願運動與早稻田大學校友關係密切，倒毫無疑問。例如一直指導請願運動的眾議員田川大吉郎就出身早稻田。他還擔任六次介紹議員，台灣人的請願書透過他才得以遞送給眾議院。用白話說，田川這個人很幫忙台灣。其他幾位多少因他關係而支持議會請願運動的眾議員，像神田正雄、永井柳太

掛在店內的老高田牧舍舊照。

現今的高田牧舍咖啡店擺設平實，貼近早稻田的大學氣質。

郎、尾崎行雄、安部磯雄，也全都是早稻田校友。

田川大吉郎主張自由主義，長期在日本推動普通選舉運動，所以從頭就以資深運動家過來人身分，勸勉台灣的運動領導人要有覺悟，「倘以一敗即屆，不若不為為宜，如抱有所折不撓之志，十年二十載持繞之功，方可為也。」如果把早稻田校友從議會設置運動抽離，沒有他們的幫助、鼓舞與勸誘，很難想像台灣歷史上的議會請願運動可以綿延十五次，讓這個沒有產生具體效果的運動，能換另一種姿態，以次數之多，來驕其後代。

即將放下牛奶杯，準備離開高田牧舍時，有兩個學生模樣的男生坐下來，老闆娘提高嗓門寒暄：「好嗎？」他們聊了起來，明顯相互認識。第一代藤田老闆娘或許也如此刻的第三代藤田老闆娘，曾經親切問候來自台灣的留學生吧！當時高田牧舍寫進台灣的歷史，現在高田牧舍的那一句「好嗎？」又將唧著哪一段故事，走進哪一段歷史呢？

松泉閣給的問號與答案

五月初到東京，是一趟「探勘」的旅行。行前，抱持的信念是「台灣歷史並不當然只發生在這個島上」，我要去找出來戰前台灣人領略的東京各地點，過去如何，今天又安在哉。

有些地方很容易就知道歷史洪流很難沖毀，像是東京車站。對我這樣一位追尋者，東京車站屬於友善的存在。我連地圖都不用攤，路人都不用問，就可以抵達她的門前。有些場所不堪歲月，殘跡不再，卻也還有舊照片，讓歷史的追想不會漫無線索。

但是，有些在歷史書裡出現的場所，像是旅館、餐廳，漫漫七、八十年，外加一個戰爭，還能屹立不搖的，屬於少數。套一句台語說法，她們像是追查者「可愛的冤仇人」，想追，她不給追，追不到。

松泉閣就是連想都不要想的追求目標。去日本前，我所知道的松泉閣，只有三、四句的記載。在林獻堂的《灌園先生日記》裡，一九三二年九月七日寫道，台北板橋林家的富翁林熊徵來邀他去五反田的松泉閣吃晚飯，合共十四個人，並在松泉閣「看裸體跳舞」。三天後的晚上，換林獻堂自己找陳炘「往松泉閣看跳舞」。查過網路和手邊的書籍，有「松泉閣」這個名字的旅館，但不在東京的五反田。所以，東京去來，我根本沒把松泉閣列入探查計畫，猜她已經消失了。

只是，「裸體跳舞」留給人無限遐想，到底松泉閣是個什麼樣的地方，提供了這樣的娛樂？

從東京回台灣後，在一次網路上點查「帝國議會」相關資料時，意外看見一張長長的表，其中一格冒出「五反田松泉閣」幾個字。真是命運中該被我找到的河裡沙金。一家福島縣的古書店在網路上拍賣許多圖片，其中一項正是五反田松泉閣的「繪葉書」，也就是「明信片」。

一邊興奮，一邊著急，這世界某個角落，是否也有個人，因為世間難解的奇怪理由，急著要買這份有七張松泉閣寫真的明信片？不耐煩書信往返，詢問付費方式，緊張如掛急診一般，向日本朋友青木求援。青木了解一遍後，認為從東京找人寄來台灣，郵寄過海，有海上蒸發之虞，決定找要回廣島渡假幾天的洲澤幫忙親自帶到台北。搭新幹線，東京往東要兩小時到福島，往西要四小時到廣島，青木卻認為這樣方便、快速、安全。總之，買得到最要緊，過程曲折離奇一點，我並不反對。果然，七張明信片傳統印象下的抗日派和親日派，進了松泉閣，便成了一起遊樂的朋友。

從福島寄到廣島，洲澤又坐飛機帶來給我了。

燈下反覆翻看這幾張發黃的明信片，七張有四張是松泉閣的房間相片，共十一間，各有雅致的名字。是「春日」、「出雲」，還是「桐」、「千種」或「瀧見」？台灣去的那十四位社會名人，究竟席坐在哪一間房的榻榻米上，共賞了所謂的「裸體跳舞」？日本有種由胖肚子男人穿丁字褲，掀開肚皮，把胸部畫成雙眼，肚臍畫成嘴巴的裸舞，他們看的就是這種舞嗎？

其實，在我心裡，還有比看什麼舞、坐哪個房間更大的迷惑。

如果從規規矩矩、「標準」的歷史書看，林獻堂和林熊徵（今華南銀行創辦人）始終是日治時期站在對立面的人物。林熊徵當時是第一世家豪族板橋林家的代表，總督府極度拉攏，除了獲任總督府評議會評議員，被大正天皇請去參加宮中御宴，一九二五年參加大正天皇葬禮的三個台灣商紳，林熊徵也在列。當時和現在，林熊徵都被歸為所謂的「親日派」或「御用士紳」。

林獻堂出身全台排名第二大地主的霧峰林家，僅次於板橋林家，卻是一個有台灣民族意識的抗日運動領袖。

一九二四年，正當林獻堂領導的連串臺灣議會設置請願運動，翻揚起

上
從明信片上看，就知道戰前東京的松泉閣規模宏大，勝過任何台灣的日式料亭。

下
當年台灣商紳在松泉閣聚會，就在這樣的房間內看跳舞表演。

桃山時代式大建築鴨場
の池より見たる斜面

新館の正面　五反田　松泉閣

電話高輪(特)(長)一七六番六五三番三二七四番

台灣熱烈的民氣時，林熊徵和辜顯榮兩人領銜搞反制，召開「全島有力者大會」，指請願運動只是少數人「妄為空想」，其「不純行為」，讓人為台灣前途憂慮。抗日派這邊就再以「無力者大會」還擊，罵有力者大會那群人，「此種腐敗分子，料應絕滅」。而無力者大會在台中召開當天，聚集有一千位民眾，被公推為主席的，正是林獻堂。

狠狠交鋒過的八年後，一九三二年，林獻堂為抗日領袖的形象並未消減太多，林熊徵也沒聽說有倒戈情事，他們卻在東京五反田的松泉閣一起遊樂，看跳舞消磨時光。座中的許丙是林熊徵的大總管，後來還獲選為貴族院議員；盧秋鵬是林熊徵的祕書；郭廷俊則曾任總督府評議員，從來不在抗日行動中現身露臉。松泉閣房間內典雅的飾燈，似乎要點亮「正常」歷史角落或背後隱藏的一個問號。

去松泉閣之前，許丙還帶林獻堂去過一家「Café」。當年的咖啡店有「女給」陪客人，屬於燈紅酒綠的聲色場所。那一陣子，林獻堂不小心出車禍，身體有傷，林熊徵也前往探視。一位叫田川大吉郎的眾議員一直幫忙請願運動，林獻堂請他吃飯時，座中竟然也有林熊徵和許丙等人。

為什麼在松泉閣的榻榻米上，林獻堂和林熊徵，他們那麼接近，「正常」、「平常」的歷史書裡，他們卻一個天，一個地，歷史把他們隔得很遠？

他們對待殖民統治者的政治立場分歧，顯然沒有意思要擴大到割蓆陌路。台灣政治幾十年來的溫和與打混個性，不會拿手榴彈，不搞流血革命，此基因程式好像早已在松泉閣裡演練過一遍。

第一波青春壯遊

站在前輩攝影家鄧南光的百歲紀念展場，如鐵道旁看火車，一張接著一張駛過，東京街頭夾雜在客家的北埔庄、戰時的台北和風月中女性之間，自成一類，我心底輕呼，「對！就是這樣的東京！這就是那一代台灣人會看到的東京！」

劇場裡迷幻的光與影、遊樂地高架上旋轉的飛行船、人聲沸騰的淺草電影街、街頭激昂呼喊的遊行、百貨公司門前的西洋紳士淑女、咖啡店裡摩登女郎的淺笑，就是這些新異的、熱鬧的、明亮的風景，述說一九三〇年代東京的第一次摩登。

東京當然不只這些，但為什麼歌舞伎的華麗和服、工業前線的龐然機械、包著頭巾的農婦或黑膚迸出粗筋的工人，不足以抓住鄧南光的腳架、攫取他的鏡頭？與其說東京擺設了多樣活潑的場景，不如說鄧南光有他自己要看的東京，那個切面叫「現代」。

一百多年前的十九世紀末，台北的富裕茶商李春生到了東京，東京已三〇年代前後，台灣留學生到了東京，殖民地的陰影消失，很容易感受到自由與活潑，並融入其中。

上——台灣第一個西洋雕塑家黃土水也到東京學習，進入東京美術學校就讀。

下——戰前東京已有多家大型百貨公司，例如上野就有松坂屋。

一九二七年底，東亞第一條地鐵在東京駛出。

是新奇之地，走在台灣前面甚遠。上野的生物院（動物園）是台灣沒有的，裡頭珍禽走獸無所不有，李春生「多半目所未覩」，忍不住三度造訪。東京的博物院也是台灣沒有的，西制的議會更是台灣毫無概念。李春生還發現東京人「雖小便必濯手」。而東京當時「寫真之風盛行」，他剛好又剪掉滿清辮子、換上洋服西褲，急著要讓家鄉人一睹他的新氣象，兩次殺到寫真館。果然寫真熱正沸騰，「聚滿麗人」，人多到不得不等個半天，而且兩次都是如此。

李春生寫下驚嘆東京的四萬字遊記後二十多年，台灣人愈來愈渴望東

不少台灣早期的女醫師出身東京女子醫專（今東京女子醫科大學），像蔡阿信、許世賢、謝娥等人都是校友。圖為一九四〇年前後，該校師生於著名的帝國飯店聚餐。

京。前《國語日報》社長洪炎秋的父親反日，不給兒子念日本人辦的學校，洪炎秋十幾歲就跟同學利用夜間偷學日文，「因為大家覺得不懂日文，便不能接受新學問」，最後更「偷領了父親在銀行的存款七百元」，拚命似的「逃到東京」，在那裡補習英文，準備升學。

一九三〇年以前，年輕人若留在台灣，最好的發展就是念國語學校，出來當小學教員，或者念醫學校，出來當醫生。有心往上爬知識高塔，勢必要離開台灣。出去，出去，去日本念書，成了年輕人的時代口號，如長岸的波浪，台灣知識青年成排成堆湧上日本。

學化工、冶金，學經濟、醫學，乃至於齒科，台灣人會散到九州、廣島、京都各地，但志在音樂繪畫雕塑者，卻九成九齊聚東京。聲樂家呂泉生，少年讀了夏目漱石的小說《三四郎》，便夢想有朝一日能像主人翁一樣，到東京開展新生活。第一代西畫家陳澄波、劉啟祥、顏水龍、林玉山也魚貫進入這個世界大都會。台灣第一位西洋雕塑家黃土水則進了東京美術學校，課後曾到四谷拜訪一位義大利人，探究雕刻大理石的工具。黃土水成名以後，仍覺得「台灣刺激甚少」，雖是家鄉，還是該上東京「繼續研究」。

留日洪流中，鄧南光也到了東京，一九二三年先念中學，一九二九年

上 三〇年代以前，穿圍裙的咖啡店侍女也是東京摩登的一景。

下 戰前東京咖啡店裡的女性客人。

進入法政大學，畢業後於一九三五年離開日本，恰恰迎接東京摩登時代之來，並以鏡頭見證戰火來臨前的摩登風華。

一九二三年關東大地震後，東京大改造，文化活動像含苞爆發的花，隨處綻放活潑的律動。小劇場出現，東亞第一條地下鐵開通，美國電影天天上演。跟台北Sogo一樣大的百貨公司也如春筍，市民蜂擁消費。上野的松坂屋百貨公司開幕，人稱抗日民族運動領袖的林獻堂當天也去趕過熱鬧。

飽覽鄧南光先生的作品，我在心裡兀自問著這位翩翩老紳士，為什麼願意在東京花兩千圓買中古德國萊卡相機？這個錢大到車掌小姐要工作一百多個月，那是出於什麼樣的熱情和意志？相似於洪炎秋偷錢潛渡東京的一種追新渴望嗎？

雖然斯人已遠，無法回答，但眼前的東京，不只是繁華似錦、浪漫如花的舊東京而已，也不只是罕見珍稀的三十年代影像而已，對我來說，鄧南光拍下的是那一代台灣人的青春壯遊。那些年，他們追趕時代潮流，何等急切，對文明現代又何等激動，他們跨海在東京各角落吸吮養分，學攝影、學音樂、學演劇。是他們義無反顧，點滴積聚，台灣之樹才植根深處，給文化往上壯枝繁花的養分。

第三國人

二次大戰結束後的七年，是日本近代史最窩囊的時期。日本從來沒有被異族統治過，唯有這七年，美國以戰勝國接管日本，並進行各層面的改造。雖名為改造，卻也是殖民。這時，有個台灣去的富家子弟張超英，目睹了曾殖民台灣的日本反被殖民的浮生相。

張超英的祖父是台北的煤礦富商，戰前生意做到上海、廣州、香港各城市。他十五歲先被送去香港念英國貴族中學，之後幾年往返香港和東京之間，最後進入明治大學就讀。美軍占領七年的東京風景，他看了四年。

「パンパン」是張超英回憶起美軍占領時期，印象伏得最深，浮上來最快的畫面。這個日語讀音近似「胖胖」，指那些因應四十三萬占領軍大兵到日本的賣春女郎。她們的父親可能是敗戰後，紛紛從菲律賓、台灣、中國遣返的官兵，一回來就失業或殘病，逼得女兒在街頭露臉。張超英說，「パンパン」女郎總把雙唇塗得好紅好紅，挽著藍眼金髮的美國軍人，走成銀座的活動看板。因為，聳立在銀座三丁目的松屋百貨店全館被美軍強

人人身上都是一個時代

ひとりひとりに刻まれた時代を追いかけて

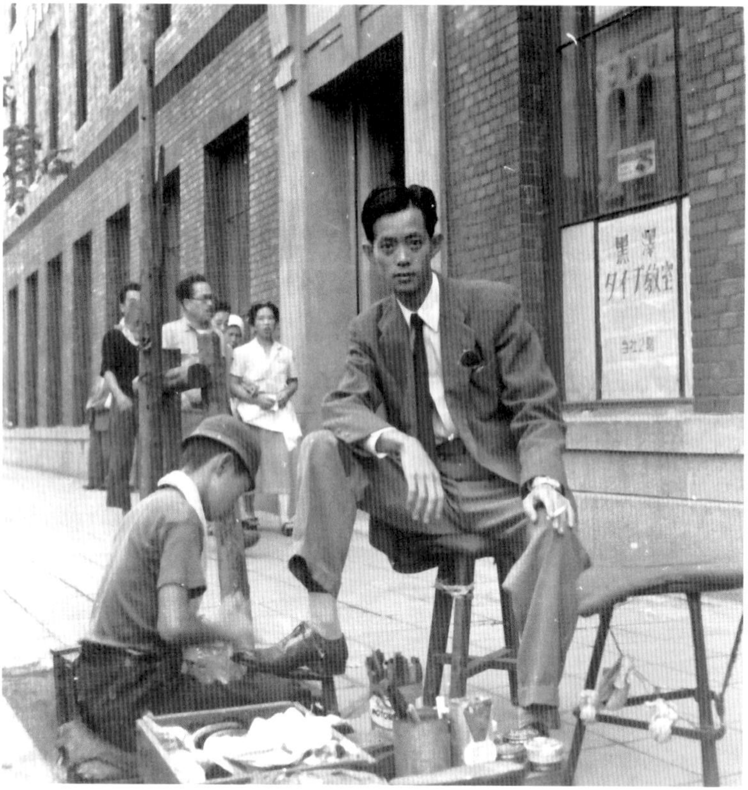

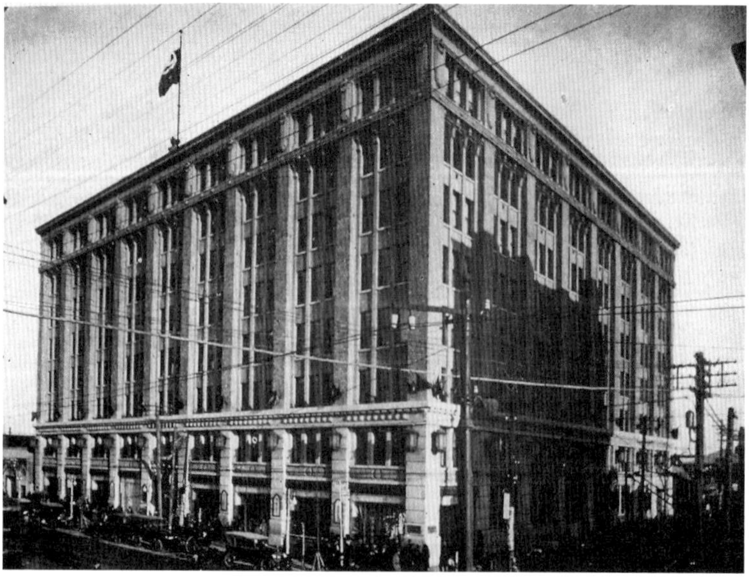

上——張超英戰後初期在東京，充分感受到台灣人身分的奇異轉換；戰前是日本的殖民地人民，戰後丕變成戰勝國人民。

下——美軍占領日本，東京銀座三丁目的松屋百貨公司被徵用為美軍福利站，賣許多時髦美國商品。

制接收，改成東京唯一美軍專用的福利站「PX」。「PX」裡頭就跟原來的百貨公司一樣，餐廳、化妝品，洋貨應有盡有，但不准日本人入內。那些「パンパン」常常就流連在松屋外，望著布滿英文字的櫥窗，等待美國大兵買時髦玩意兒出來撩撥她們的風情。

充滿誘惑的「PX」是美軍給自己人的大商場，美國人可以去，日本人被擋在門外，非美非日的台灣人卻被歡迎入內。台灣人在日本天皇宣布無條件投降的剎那，跟川劇絕活「變臉」一樣，半秒不到，從日本國民幻變成中華民國國民。戰後之初，台灣人去到日本，更因中國和美國同盟，而多出一個身分，是戰勝國人民的一員，頗似站在獅子後的老鼠，不損威風。

當時在日本的台灣人，以戰爭中被徵去當海軍的工人居多，像張超英這種有錢留學生沒兩、三個。依張超英的觀察，在東京，「有一半以上的台灣人」頭腦轉得快，馬上投入黑市。

美軍一開始占領日本，民生用品和糧食多有管制，後來逐步開放，但米和糖一直採取配給制度。張超英說，日本不產糖，糖亦形珍貴。他的岳父是台中望族，二二八後，準備坐船逃離台灣去日本，家裡幫他準備兩大麻袋的砂糖，據稱就可供他在日本生活兩年。

糖如碎鑽，從咖啡店也聞得出來。張超英指出，那時咖啡廳的桌上都

戰後初期，明治屋被美軍徵用，張超英常看見台灣人不斷進去買糖，轉賣獲利。

不擺糖，侍者把咖啡端上桌後，再東張西望，確定沒有警察，才把糖罐放上來。等客人舀了一、兩匙，就迅速收走糖罐。

美占時期，日本人每月每人約可分到三百公克的糖，台灣人不受此限，於是對台灣人來說，黑市的商機無限。美國占領軍把各國區分成美國人、日本人和美日以外的「第三國人」，台灣人因是戰勝國國民，歸為第三國人。在日的韓國人不屬戰勝盟國人民，待遇等同日本人，讓台灣人更沒有競爭對手。

台灣人初期還可以進銀座的「PX」，後來美軍知道台灣人買福利站的糖、化妝品種種商品轉賣日本人獲利；美軍接收東京無數建築，銀座旁的京橋二丁目著名的店鋪「明治屋」總本店也在強徵之列，這時，美軍委託明治屋經營，設為「OSS」，給第三國人專用，每人限買兩包糖。

張超英指出，明治屋立於一個十字路口的街角，「OSS」限買兩包糖，他常常看見台灣人提著兩包糖到對角，丟給接應的同伴，再進去買。當時的台灣人有「戰勝國」的保護罩，日本警察不敢抓，心態上頗為有恃無恐。歷史的異時空交織出的一片灰色沃土裡，不少台灣人前進新宿買地聚富。現在東京的「地球座」電影城和「東京大飯店」都為台灣人所有，淵源於此。

張超英笑說，他那時不做黑市生意，不過，學校女同學叫他幫忙買時髦的玻璃絲襪和口紅，他義不容辭。日本國產肥皂當時都不香，一些高第名門的年輕男女喜歡稀奇的美國香皂，他也會為他們跑「PX」和「OSS」。有時順便買果醬和奶油當禮物，日本人無不歡迎備至。

戰前台灣人是日本的二等公民，此刻的東京，台灣人的地位大逆轉。張超英說，那種高日本人一等、享受特權的感覺在搭地鐵時更明顯。長長的車廂，最後一節的半節會掛上「連合国軍專用」的牌子，日本人不准搭乘。一到交通巔峰，前幾節車廂如擠沙丁魚，站員不得不把旅客壓進車廂。最後外國人專用車廂卻一派悠哉寬敞，有時大半節車廂只他一個人。普通火車也如此，日本人必須爬窗戶才能下車，卻永遠有另一節車廂的窗戶，清閒得可看窗外風景。

當時日本窮得沒有外匯，沒錢買石油，日本人只能搭電動計程車。美軍則特別給「大和」和「國際」兩家租車公司汽油，外國人拿美金去銀行買專門券，就能叫車，搭乘灌了汽油的黑色計程車，又大又舒適。張超英這位富家少爺本就海派好交遊，家裡又是三井物產燃料部的代理商，跟三井派駐紐約返日的高階主管相熟，常常叫車，呼朋引伴去郊遊。這批人有張超英海派好交遊，家裡又是三井物產燃料部的代理商，戰後初期結識許多東京上流人物。

後來的富士全錄社長小林陽太郎、國會議員植竹繁雄、ＮＨＫ會長池田芳藏等等。他們雖然在大公司的管理階層，但身分受限，也頗樂於交張超英這種「第三國人」朋友。

張超英在戰後那幾年，打進東京上流社會，結識了一位重子小姐。她的父親久原房之助是鼎鼎大名的財閥，曾任大臣，也是戰前政界大派系政友會的總裁。他的女婿有眾議院議長石井光次郎、東京急行電鐵社長五島昇和前首相大隈重信的孫子。東京寸土寸金，私家庭園大得還有溪流過的就只有久原家族了。東京人婚宴名所「八芳園」就是向這個家族承租的。

張超英說，日本上流社會自有一套慎重的社交規則，名門小姐初次帶朋友回家，一定介紹給父母親，父母親也一定會出來打招呼。有一天他受邀到重子的家，久原房之助夫婦很禮貌，出來見他。久原房之助還拿出孫文的借條，讓張超英睜大了眼睛。孫文革命時期常在日本奔波找資援，眾所皆知，久原手上的這張借據寫著「出世拂い」，意指「以後出人頭地再來還錢」。孫文後來是出人頭地當大總統了，但錢應該沒還，否則借條也不會出現在張超英眼前。

七年過後，美軍走了，所謂的第三國人沒了，像張超英遭逢的那許多東京奇聞，也無法再現了。

撫臺街洋樓身世之謎

二〇〇七年秋天，單車試新，意外走過一些陌生的街弄。從河堤鑽出大稻埕，擦身北門，隨興游入延平南路。

「哦！什麼建築？」近望著她，乍時有點恍惚，懷疑自己身在異國。印象中，台北的街景好像找不出可以與之比擬的西洋樓房。挨近一看，土黃色的牆面新刷過，門窗緊閉，門牌上方有文化局的貼牌標示，原來是老太太重披婚紗，即將再次登場的市定古蹟。

自認日日流連日本時代的街頭，夜夜演出穿越時空的想像劇，卻完全沒聽過有個古蹟叫「撫臺街洋樓」，雖然四下無人，也非考試，尷尬還是從胸膛最底層一湧而出。竊想古蹟建築非我專攻，多望兩眼，就跳上單車，轉頭離去，羞愧也快快隨著身體一起開脫了。

這一別，冬天也過了。

新春再來，三月剛開，走進台大，撞見杜鵑和白流蘇，也再度撞見這棟古蹟洋樓。

台北市的北門口、延平南路上，有一棟外形與眾不同的古蹟洋房，先前因不確定身分，附近舊名又叫撫臺街，官方於是定名「撫臺街洋樓」。

古蹟「撫臺街洋樓」最早的主人高石忠慥是個土木營造商，承建過新公園的博物館。

我是為了了解日本時代紳士戴帽習慣，到台大圖書館重查高雄老市長楊金虎的《七十回憶》。老市長曾寫初會楊太太時，他「一表青年」，穿白西裝、戴麥桿帽。這本《七十回憶》藏在圖書館深處的密集書庫。我像一葉小舟，拐來轉去，穿過書山間的峽谷，匆促前行。正要流入密集書庫前，眼角餘光突然平行掃瞄到一本叫《西洋風》的書，於是止住搖櫓，停在江上看起煙花來了。這一大區的書盡是談東西文化的交盪，我嚼之生津，一本接一本翻著讀著。忽然，瞄到書架最高最偏處，不到一公分厚的書背，擠著一串窄窄長長的書名，幾個字立刻自動掃過大腦的C槽D槽，進行超音速搜尋。遺忘區靜止的五個字「撫臺街洋樓」硬是給搖醒了，「啊！就是談那一棟兩層樓古蹟！」

這是受官方委託的古蹟研究調查報告，略翻一下，始知斯樓頑強。幾十年的戶籍地籍都查遍了，還查不出到底建於何時、由誰起造。學者專家會審，談來論去，頗為遺憾。不過，報告裡的另一段，當下更教我感覺新鮮；閩南話的「亭仔腳」、北京話的「騎樓」，日本人說成「檐庇步道」。

那天，帶著兩片稀薄的記憶殘雲，我很快跌回楊金虎的一九二〇年代，他在南台灣動用十部汽車迎娶的浩大排場，想必觀者如堵，孩童拚命在車後嘻笑追跑。

十來天後的週末，兒子的音樂教室在總統府旁舉辦年度發表會，他已經大到寧可父母的參與熱情下降三十度。既被謝絕臨賞，只好知趣，信步走到附近的國家圖書館，繼續翻我的舊報紙。

「我的舊報紙」名叫《臺灣日日新報》，發行四十七年，從日本人來到日本人走。在我看，根本就是日本時代的重大遺址，隨手撥開砂土，就有小碎鑽若隱若現，一閃一閃，輕訴台灣社會蛻變的祕密。《臺灣日日新報》原報紙早已骨質疏鬆，脆弱不堪，館員說，稍微輕輕翻頁，泛黃紙片便如雪花落下。二十幾年前，圖書館開始提供縮小的影印本；Ｂ４大小，每本三、四公分厚，藍藍的書皮，足足兩百多本，龐大又笨重，彷彿圖書館裡的一片藍牆。近幾年，我組成一人考古隊，三天兩頭，就在這個報紙遺址挖來挖去。

這一年，為了探究以前的人怎麼推銷東西，只集中力氣看廣告版。依進度，那一天來到一九一〇年。突然，有個廣告標題寫著日文漢語：「新築落成御披露」，翻成中文，就是「新廈落成正式啟用」。長方形的廣告中有個橢圓形框，框內有一棟模糊的建築，還有一張小橢圓形的人頭照。雖然房子影像不清，但屋頂突出的老虎窗和一樓連開的拱門，跟印象中的撫臺街洋樓非常相似；廣告又說得很清楚，這棟新建築屬於「撫臺街」一丁一則一九一〇年的報紙廣告，完全揭開撫臺街洋樓的身世。

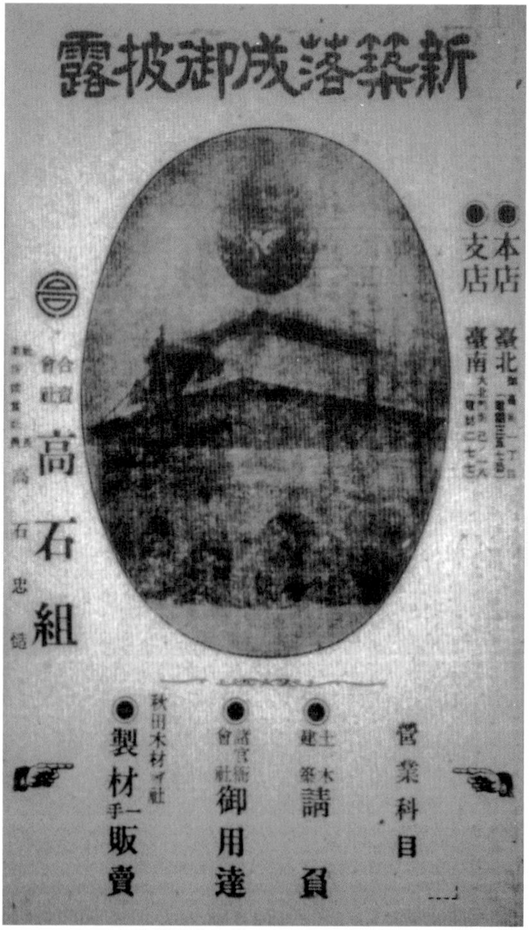

目上一家叫「高石組」的會社。「哇哈哈哈！賓果！」所有考古員最激情的一刻已經降臨，我的左心房和左心室，我的右心房和右心室，笑到整個圖書館的人都聽到了。

突然，牆上的圓鐘說，該接兒子了，才匆匆拿出小紙片，記下「撫臺洋樓19100702（八）」。這一直是我和舊報紙間的暗號，只要找一九一〇年七月二日第八版，就可以找到撫臺街洋樓的資料。

走出圖書館，總統府矗立，一如過去的九十幾年。貴陽街一側的牆內是舊總督府的紅磚車庫，七十幾年前曾經裝設了美式加油槍。今天一反平常，我不再複習這一段歷史，滿腦子只有撫臺街的洋樓。

曾有個新聞，韓國一位漁夫撈起一隻橘子大的章魚，章魚的八爪緊抓著一個瓷盤，送來一個不凡的線索，帶引考古學家找到高麗王朝十二世紀的沉船，尋獲了五百多個無價古瓷，他們驚嘆，這一切都是天意。「也是天意派我來當撫臺街洋樓的章魚嗎？」我一邊走，一邊笑意難止。

這一夜彷彿小學生遠足的前夕，恨不得天用最快的速度跑到亮。一早，星期一國家圖書館關閉，我馬上衝到台大的總圖書館，借出微捲。微捲就是把舊報紙一版一版拍照而成的底片，一格一格的底片印出裝訂，才成縮印本，微捲的解析度強過縮印本許多。

黑色膠捲以心跳分速一百二十下快速滾動，七月二日來了，第一版、第二版……第六版，咦！第七版和第八版並沒有接上來。當時雖然匆忙，但目光瞪得尖如刀，看得可仔細，洋樓落成的廣告明明在七月二日第八版。不信邪，回頭再查縮印本。「啊——！」圖書館都聽到我的慘叫了，縮印本的七月二日果然、就是、也沒有第八版。假使如來佛手伸得篤定，眼看再一寸，悟空猴兒就要掉進掌心，突來一陣妖風，竟然給吹跑了，祂大概也會像我一樣懊惱。

快跑一天一夜的興奮，終於折夭停止，我雙手握拳蒙住眼睛，如一座雕像坐著。或許洋樓古蹟後悔了，她不想現身。目前官方標示的建造時間，既推測「一九一〇年代」，卻又加註為「大正年間」，根本矛盾；至少一九一一年還是明治四十四年，一九一二年的前半年也還是明治四十五年。難道，只因怯場，她寧願再繼續十年、二十年，不明不白站在延平南路，讓「高石組」永遠埋名在歷史的荒塚嗎？

之前的惱，此刻有點轉怒。「好！就當我記錯日期！反正一定在這一大本裡面，再把這四、五百頁翻完，一定可以再把那個廣告找出來。」面對龐大的資料庫，我沒有恐懼的病史，反正我有的是時間。

隨著秒針的節奏，一頁一頁翻過去，七月過了，八月一日也過了，八月二日第一版、第二版……第七版、第八版，「啊哈！原來躲在這裡！」章魚還是緊緊抓住了瓷盤。猜想九十八年前，高石組的老闆登了廣告，大概就寫好謎題，謎底揭開的終點前還存心戲弄，找排版工人來輒了一角，故意抽出鉛字「八」，改植「七」進去。

重回延平南路二十六號，一切變清楚了。台灣割日當年，福岡人高石忠慥來到台北，是著名營造商「大倉組」的台灣分店主任，六年後，自立

「高石組」，原東家大倉組仍是大股東。一九一〇年公司新築竣工當時，高石忠慥已儼然台灣的營建巨頭。新樓遇到的第一個中秋，午後一點，二樓的觀月會就開始了，絲竹音裊裊，從日到夜，似乎說著濃濃的九州鄉愁。

高石忠慥承建許多大工程，二二八公園內的博物館即其代表作，一九一五年完工當年，大同公司老創辦人林煶灶（林挺生的父親）剛好從總督府工業講習所的建築科畢業，進了高石組。

重回延平南路，我不再逃之夭夭，只想跟高石組洋樓握手。是一種無以名之的因緣，她招引我這隻章魚來當傳令兵，從海底到浮出海面，非要把她的出生證明書送給台北不可。這是一件榮幸的任務，也是一趟趣味的旅行，我們已經合作完成。

（原文刊登於《中國時報》二〇〇八年六月二十五日人間副刊）

附錄　日本時代台灣物價水準概況

●貨幣單位：圓、角、錢　●一圓為十角、一角為十錢

年代	事物	價格	來源與備註
一八九六	雞蛋	兩顆四錢	《大阪每日新聞》1214
	白米	一斗五升，兩圓四十錢	
	房租	門面寬一丈六尺，每月二十圓	
	茶葉	半斤十五錢	
一八九六	人力車	二十八圓	《臺灣新報》1128
一八九六	「臺北七美人」寫真	一組一圓四十錢	《臺灣新報》1023
一八九六	照相	小形一組三張八十錢，中形一組三張一圓七十錢	《臺灣新報》1216
一八九七	報紙	《台灣新報》一份三錢；訂閱一個月六十錢、三個月一圓七十錢、半年三圓二十錢、一年六圓七十錢	《臺灣新報》0622
一八九七	搭遊船	三人共乘，一小時四十錢 一人搭乘，一小時二十五錢	《臺灣日日新報》0710 大稻埕浪花樓廣告
一八九八	搭輪船到日本	基隆到門司，上等二十六圓、中等十七圓、下等十圓 基隆到神戶，上等三十圓、中等二十圓、下等十二圓	《臺灣日日新報》0806
一八九八	冰（香港進口）	一斤十五、十六錢	《臺灣日日新報》0806
一八九八	日式旅館（建昌街的松枝屋）	上等一泊六十錢、次等三十八錢	《臺灣日日新報》0913
一八九八	鳥打帽	一圓～一圓二、三十錢	《臺灣日日新報》0928
一八九八	山高帽	四圓	
一八九八	汽船	兩萬餘圓	《臺灣日日新報》0508

一八九八	苦力酬勞	多者一日六、七十錢，少者三、四十錢	《臺灣協會會報》第九號，頁六三
一八九八	米粥、芋粥	一碗五、六厘（十厘為一錢）	《臺灣協會會報》第九號，頁六三 苦力通常一次吃三、四碗，一天吃五餐
一八九八	工資（台北地區）	製茶工一天四十錢，製糖工一天三十五錢，農工一天二十五錢	《臺灣協會會報》第十一號，頁二六
一八九九	教師年薪（臺灣總督府師範學校校長、教授）	一級一千六百圓、二級一千四百圓、三級一千兩百圓、四級一千圓、五級九百圓、六級八百圓、七級七百圓、八級六百圓	《臺灣協會會報》第七號
一八九九	報紙（直送到府）	一份三錢、一個月份六十錢、三個月份一圓七十錢 半年份三圓十五錢、一年份六圓	《臺灣日日新報》0614
一九〇〇	看內科醫生	藥一日份一角半	《臺灣日日新報》0919
一九〇〇	住院（總督府臺北醫院）	上等病人一日兩圓	吳德功，《觀光日記》，頁一七八
一九〇〇	登報紙廣告	特別欄一行三十五錢，普通欄一行二十二錢 漢文欄一行五十錢	《臺灣日日新報》0914
一九〇一	女性採茶	上等一天三十錢，下等一天二十錢	《臺灣日日新報》0208
一九〇一	洋服裁縫（月薪）	台北上者三十五圓，下者二十五圓 基隆上者三十圓，下者十五圓	《臺灣日日新報》0208
一九〇一	理髮師（月薪）	上等十五圓，下等七圓	《臺灣日日新報》0207
一九〇一	香竄葡萄酒	四打十八圓	《臺灣日日新報》0207
一九〇一	惠比壽啤酒	四打十圓	《臺灣日日新報》0207
一九〇一	豬肉	一百斤二十五圓	《臺灣日日新報》0207
一九〇一	罐頭一個	牛肉二十八錢；松茸二十八錢；福神漬十五錢	《臺灣日日新報》0207
一九〇一	高野豆腐	一千個四圓七角	《臺灣日日新報》0207
一九〇一	鴨蛋	一百顆一圓五角	《臺灣日日新報》0207

一九〇一	進圖書館	一次三錢，三十次五十錢	《臺灣日日新報》0127 「臺灣文庫」開庫廣告
一九〇一	私人醫院入院費	一日一圓	《臺灣日日新報》0108
一九〇一	日本製香菸	五十支十錢	《臺灣日日新報》0101
一九〇二	溫泉入浴費	三錢	《臺灣日日新報》0101
一九〇二	壽司	十五錢	《臺灣日日新報》0101
一九〇二	鰻魚飯	上等五十錢	《臺灣日日新報》0101
一九〇二	火車學生月票	台北到八芝林（士林），一圓 台北到錫口（松山），一圓三十五錢 台北到枋橋（板橋），一圓三十五錢 桃園到鶯歌石（鶯歌），一圓八錢 桃園到中壢，一圓五十一．二錢 桃園到楊梅，一圓九十一．七錢 新竹到紅毛田（竹北），一圓八錢 台南到橋仔頭（橋頭），兩圓 台南到楠仔坑（楠梓），兩圓 台南到打狗（高雄），兩圓	《臺灣日日新報》0706 新聞
一九〇三	租腳踏車	上等一小時四十錢、下等一小時二十五錢	《臺灣日日新報》0714（三版）
一九〇三	資生堂寒熱丸（治療瘧疾）	二十粒十錢、五十粒二十五錢、一百粒四十五錢	《臺灣日日新報》0901（六版）
一九〇三	台北房地產	城內一坪八、九圓～十五、十六圓不等	《臺灣日日新報》0828
一九〇三	帶腳踏車上火車	每輛五錢	《臺灣日日新報》1208 新聞
一九〇三	帶獵犬上火車	十錢	《臺灣日日新報》1208 新聞
一九〇四	香水	「鶴」牌大瓶一圓三十錢、中瓶一圓	《臺灣日日新報》0402

一九〇四	豬肉	一台斤十六錢	《臺灣口述歷史》之蔣渭川部分，頁六
	米	一包（一百五十二台斤）三圓五十錢～三圓六十錢	
一九〇四	花生油	一百斤十六圓	《臺灣日日新報》0616 調查台灣人商店的五月份物價
	鴨蛋	一千個十五圓	
一九〇四	鞋油（德國製）	二十錢	《臺灣日日新報》0402
一九〇四	中折帽	兩圓、兩圓二十錢	《臺灣日日新報》0426
一九〇五	男子漢式長衫	兩圓五十錢	《臺灣日日新報》1102
	男子漢式背心	五圓	
	男子漢式緞帽	六十錢	
	男子漢式紡綢褲	五圓	
一九〇五	女子漢式緞衫	十六圓	《臺灣日日新報》1102
	女子和式緞裙	十二圓	
	女子金耳環一對	四圓	
	女子銀手環一對	六圓	
一九〇五	鳳梨一顆（嘉義市街小賣）	三～五錢	《漢文臺灣日日新報》1008
一九〇五	紀念明信片	一套三張六錢（臺灣總督府始政十年紀念繪葉書）	《漢文臺灣日日新報》1007（二版） 新聞
一九〇五	搭船到中國	淡水到廈門，一等十五圓、三等四圓 福州到淡水，一等二十四圓、三等六圓 可銜接航路： 廈門到福州，一等十五圓，三等四圓 福州到上海，一等二十圓，三等六圓 福州到寧波，一等十五圓，三等四圓	《臺灣日日新報》0121新聞

一九〇五	台南日本人工匠 一日工資	左官（泥水工），分一圓五十錢、一圓三十錢、一圓三等級 石工，分一圓七十錢、一圓五十錢、一圓三等級 大工（木工），分一圓五十錢、一圓三十錢、一圓三等級 瓦職工，分一圓五十錢、一圓、七十錢三等級 表具師（裱畫師），分兩圓、一圓七十錢、一圓四十錢三等級 指物師（日本不使用釘子或黏著劑而製作精緻傳統木器的師傅），分一圓五十錢、一圓二十錢、八十錢三等級 桶工，分一圓三十錢、一圓、八十錢三等級	《臺灣日日新報》0822 新聞
一九〇五	台南台灣人工匠 一日工資	左官（泥水工），分六十五錢、五十六錢、五十二圓三等級 石工，分六十三錢、五十八錢、五十三錢三等級 大工（木工），分七十錢、六十錢、五十六錢三等級 瓦職工，分六十五錢、六十錢、五十錢三等級 表具師（裱畫師），分六十錢、五十錢、四十五錢三等級 指物師（日本不使用釘子或黏著劑而製作精緻傳統木器的師傅），分一圓、八十錢、五十錢三等級 桶工，分五十八錢、五十三錢、四十五錢三等級	《臺灣日日新報》0822 新聞
一九〇六	台北工匠 一日工資	日本人木匠，一圓二十錢；台灣人木匠，六十～八十錢 日本人石工，一圓二十錢～一圓五十錢 台灣人石工，六十錢到一圓 日本人土匠，兩圓；台灣人土匠，六十錢 日本人磚瓦工，一圓五十錢；台灣人磚瓦工，八十錢～一圓	《漢文臺灣日日新報》1011（三版）新聞
一九〇六	台北台灣籍苦力 一日工資	三十錢左右	《漢文臺灣日日新報》1011（三版）新聞
一九〇六	電話撥打費	一回十錢	《漢文臺灣日日新報》0314（二版）新聞： 打電話的費用包含撥打費（呼出料）與講電話的費用（電話料）

一九〇六	電話費	同一區域內，五錢；台北、淡水間，十五錢 台北、宜蘭間，三十五錢；台北、台中間，五十五錢 台北、彰化間，五十五錢；淡水、台中間，六十五錢 基隆、台北間，四十錢；基隆、淡水間，四十錢 基隆、宜蘭間，四十五錢；基隆、台中間，六十五錢 基隆、彰化間，六十五錢；宜蘭、淡水間，四十五錢 台中、彰化間，十五錢；彰化、淡水間，六十五錢 嘉義、台南間，三十錢；嘉義、橋仔頭間，三十五錢 嘉義、打狗間，四十五錢；台南、橋仔頭間，二十五錢 台南、打狗間，三十錢；橋仔頭、打狗間，十五錢	《漢文臺灣日日新報》0314（二版） 新聞：四月一日起實施
一九〇六	提燈（保甲用）	一個二十六錢	《漢文臺灣日日新報》1002 廣告
一九〇七	Star（スター牌） 紙卷香菸	一包十支七錢	《臺灣日日新報》0307 新聞
一九〇七	大阪製人力車（台北）	一輛四十二~四十四圓之間	《漢文臺灣日日新報》0410 新聞
一九〇七	中將湯	三週份一圓二十五錢、兩週份八十五錢 一週份四十五錢、三天份二十錢	《漢文臺灣日日新報》0118 廣告
一九〇七	中將湯	四週份兩圓五十錢、三週份一圓六十錢、兩週份一圓十錢 一週份六十錢、四天份三十五錢、一天份十錢	《漢文臺灣日日新報》0124 廣告：漲價
一九〇七	彩券	一張五圓（一、二月發售的第三回、第四回） 一張十圓（三月發售的第五回）	《漢文臺灣日日新報》0203 新聞
一九〇七	地圖（臺北市區改正地圖）	四枚一組五十錢	《漢文臺灣日日新報》0123 廣告
一九〇七	「一点水」眼藥水	大瓶一圓，中瓶五角	《漢文臺灣日日新報》0119 廣告
一九〇七	搭交通船（高雄港灣內）	哨船頭往旗後一錢、埋立地往旗後兩錢、哨船頭往埋立地兩錢、 埋立地往鹽埕埔三錢、鹽埕埔往旗後或哨船頭五錢、 前述各地往苓雅寮十錢（但暫時打折為八錢）	《臺灣日日新報》0421 新聞

一九〇八	英國製高級皮鞋	六圓、七圓	《臺灣日日新報》0826
	美國製高級皮鞋	五圓、六圓	
	資生堂製「寒熱散」	兩日份六包十錢	
一九〇八	美國製橡膠冰枕	四圓五十錢	《臺灣日日新報》0830
一九〇八	小說	六十五錢	《臺灣日日新報》0830 名家永井荷風新作，全書四九〇頁
一九〇八	八歲女童幫忙帶幼兒月薪	兩圓半～三圓	謝雪紅口述、楊克煌筆錄，謝雪紅，《我的前半生》，楊翠華發行出版，頁四三
一九〇九	美國進口折疊式嬰兒推車	十一～四十五圓	《臺灣日日新報》0523（七版）
一九〇九	咖哩飯	二十五錢	《臺灣日日新報》0311（八版） 西洋料理店玉山亭
一九一〇	北投溫泉旅館宿泊費	松濤園一圓八十錢、一圓五十錢；北投館一圓；天狗庵一圓 偕樂園一圓；末廣館一圓；松島屋支店一圓；千歲館一圓 小西屋八十錢；天滿屋八十錢；長門屋六十錢 吉田屋五十錢；松島屋一圓五十錢、一圓二十錢	《臺灣日日新報》0101 （五十五版）廣告
一九一〇	牛奶	一合八錢	《臺灣日日新報》0123
一九一〇	路燈電柱玻璃燈廣告	一面一個月六十五錢	《臺灣日日新報》0329新聞： 台北三市街的大馬路
一九一一	日本製嬰兒推車	七圓五十錢	《臺灣日日新報》0710
一九一二	咖啡	一杯八錢	《臺灣日日新報》1218
一九一二	牛奶（附砂糖）	一合七錢	《臺灣日日新報》1218
一九一三	鰻飯	五十錢	《臺灣日日新報》0930；江戶長料理屋
	親子飯	二十三錢	

一九一三	天婦羅一人份	三十錢	《臺灣日日新報》0930；江戶長料理屋
	信玄便當	二十錢	
一九一四	動物園入場費	三錢	《臺灣日日新報》0410
一九一四	活動寫真（電影）	一等二十錢、二等十錢、三等五錢	《臺灣日日新報》0418
一九一四	豬肉	一台斤二十四錢	《臺灣口述歷史》之蔣渭川部分，頁六
一九一四	米	一包（一百五十二台斤）四圓八十錢	
一九一五	火車托運腳踏車	每部十五錢	《臺灣日日新報》1105（五版）新聞：十一月十五日起實施；新制以前，每部不論遠近，僅收五錢
一九一五	Frock coat	二十八～三十八圓	《臺灣愛國婦女》七十四卷
一九一五	台北市土地	一坪三圓；台北市「詔安厝街神社大路邊」（今中山捷運站南邊一帶）和「三板橋大竹圍」（林森北路和南京東路一帶）	《臺灣日日新報》0402（八版）廣告
一九一五	銀行存款利息	定期存款六個月以上，年息五分五厘；隨時存款，每一百圓，每日利息七厘；零星存款，每一百圓，每日利息一錢兩厘	《臺灣日日新報》0621（四版）廣告：臺灣銀行與三十四家銀行共同公布
一九一五	學日語	講習會會費每月一圓	《臺灣日日新報》0416（七版）廣告
一九一五	森永牛奶糖	大盒十錢、小盒五錢	《臺灣日日新報》0129（四版）
一九一六	臺灣勸業共進會（大型工商產業展覽會）入場費	一人五錢，七歲以下兒童免費	《臺灣日日新報》0330
一九一六	基隆水族館入場費	大人五錢，小孩三錢	《臺灣日日新報》0420新聞
一九一六	水租（高雄曹公圳）	分七等，一等八圓，二等六圓，三等五圓，四等四圓五十錢，五等三圓五十錢，六等兩圓，七等一圓	《臺灣日日新報》0403新聞：曹公圳灌溉區域從鳳山到高雄舊城，達九千五百二十九甲，其中三千餘甲，可兩收
一九一七	乳母	月薪十五圓	《臺灣日日新報》0120（一版）廣告

一九一七	搭船赴日	基隆到門司，一等三十五圓，二等甲級二十三圓，二等乙級十八圓 基隆到神戶，一等四十圓，二等甲級二十七圓，二等乙級二十圓	《臺灣日日新報》1116（一版）
一九一八	保甲書記月給	十三圓	《文史薈刊》復刊第八輯，台南市文史協會，二〇〇六年十二月，頁一〇六
一九一八	吐司麵包	一條十九錢、半條十錢	《臺灣日日新報》0402
一九一九	報紙	一份五錢，訂報一個月一圓二十錢、三個月三圓三十五錢、六個月六圓六十錢、一年十三圓	《臺灣日日新報》1023 臺灣新聞社、臺南新報社、臺灣日日新報社共同廣告
一九一九	小學教科書（修身課卷五）	十二錢	《臺灣日日新報》1115 新聞：臺灣總督府出版
一九一九	搭人力車費用（從台北火車站出發）	到總督府前十錢、到臺北廳（今監察院）六錢、到台北醫院（今台大醫院）九錢、到配電所十七錢、到古亭庄派出所十八錢、到北門六錢、到大稻埕驛十錢、到大橋頭派出所前十八錢、到稻江醫院十七錢、到古亭庄渡船頭二十錢、到新起街市場十一錢、到舊街派出所十七錢、到八甲街派出所十五錢、到下崁庄市場二十一錢、到艋舺驛二十一錢、到苗圃前（今植物園）十五錢、到三板橋葬儀堂（今林森北路附近）十三錢、到大正街市場（今中山市場）十錢、到圓山明治橋二十八錢、到水源地三十五錢、到馬偕醫院十六錢	《臺灣日日新報》0901 新聞：九月一日起實施
一九一九	搭人力車特別加價	等待客人，每三十分鐘加五錢；路不好走加兩成；風雨時加兩成；夜間加一成；暴風雨加倍	《臺灣日日新報》0901 新聞：九月一日起實施
一九一九	富商喪葬費	約五千圓（台北大稻埕「添籌藥行」老闆李萬福之喪）	《臺灣日日新報》0106 新聞

一九一〇年代	杏仁茶和油條	一分錢	《霧峰林家相關人物訪談紀錄（下厝篇）》，台中縣立文化中心，頁八二
一九二〇	公學校訓導心得月給	十三圓	《文史薈刊》復刊第八輯，台南市文史協會，二〇〇六年十二月，頁一〇七
一九二〇	懷錶	三十五～七十五圓	《臺灣日日新報》0725
一九二〇	鋼筆（世界新發明兩色鋼筆）	十二圓、十圓、八圓五十錢、七圓五十錢、五圓八十錢	《臺灣日日新報》0806
一九二〇	飛機（造價）	一萬兩千圓	照史，《高雄人物評述》第一輯，春暉，頁一四九
一九二一	搭計程車	台北市城內到北投、新店單程五圓，到圓山、古亭兩圓，往返加五成；以時間計費者，一小時五圓	《臺灣日日新報》0123新聞
一九二一	看電影	「新世界館」票價特等一圓二十錢、一等八十錢、二等六十錢、三等二十錢	《臺灣日日新報》0123
一九二一	學生書包	九十錢、一圓三十五錢、一圓七十五錢、兩圓五十錢、三圓四十錢	《臺灣日日新報》0310台北府中街「松原商行」賣出
一九二一	看美國職棒賽	小學生一人二十錢	《臺灣日日新報》0108新聞：美國職棒隊與台灣隊在台北比賽
一九二一	赤帽費（火車站幫旅客提搬行李者）	平均一個行李十錢	《臺灣日日新報》0719新聞
一九二三	麥桿帽子	特價兩圓八十錢	《臺灣日日新報》0404
一九二三	壽司	三十錢	《臺灣日日新報》0401
	鰻魚飯	七十錢	
一九二三	箭牌口香糖	青箭、白箭、黃箭一包十錢	《臺灣日日新報》0716

一九二三	訂做西裝（台北京町「古川洋服店」）	衣褲加背心三件式西裝，四十五圓～六十九圓	《臺灣日日新報》1112廣告
	訂做大衣（台北京町「古川洋服店」）	三十五圓～七十九圓	
一九二四	法庭旁聽	一角	蔡培火等，《臺灣民族運動史》
一九二四	桃園大圳工務部傭員月薪	四十二圓	廖欽福口述、林忠勝撰述，《廖欽福回憶錄》，前衛，頁三三一～三三五
	稻穀一百斤	五圓	
一九二四	學校住宿費	十三圓半	《嘉農口述歷史》，國立嘉義農業專科學校校友會，頁七八
一九二四	炒意麵	三十錢	《臺灣日日新報》1017廣告：東薈芳如意食堂
	清湯意麵	二十錢	
	雞絲意麵	二十五錢	
	炒米粉	二十錢	
	清湯米粉	十錢	
	雞絲米粉	十五錢	
	炒大麵	二十錢	
	清湯大麵	十錢	
	炒火腿飯	十五錢	
	炒雞蛋飯	十錢	
	炒肉飯	十錢	
	白飯	五錢	
	水餃	十五錢	

一九二四	杏仁茶	十錢	《臺灣日日新報》1017廣告：東薈芳如意食堂
	咖啡	十錢	
	牛奶茶	十錢	
	火腿油餅	五錢	
	椰子餅	五錢	
	麵包	五錢	
	冰淇淋	二十錢	
	草莓冰	十錢	
一九二五	《日英辭典》（三省堂出版）	兩圓八十錢	《臺灣日日新報》1008
一九二五	豬排	四十錢	《臺灣日日新報》1014
一九二五	看新劇（台北「榮座」）	一等八十錢、二等五十錢、三等三十錢、小孩十五錢	
一九二五	鋼筆（PLIOT）	自動吸入式四圓起	《臺灣日日新報》1031
一九二五	人力車資	台北驛到台北橋二十一錢、台北驛到大稻埕慈聖宮十六錢、台北驛到圓山運動場四十錢、台北驛到臺灣神社四十五錢、台北驛到永樂町市場十三錢、台北驛到西門市場十二錢、台北橋到萬華驛三十六錢、台北橋到大稻埕慈聖宮五錢、台北橋到臺灣神社四十錢、台北橋到圓山運動場三十錢、萬華驛到西門市場十三錢、萬華驛到永樂町市場二十八錢	《臺灣日日新報》0620新聞
一九二五	奶粉	大罐六圓二十錢、中罐兩圓二十錢、小罐一圓二十錢	《臺灣日日新報》1126
一九二五	船費（日台航線）	日本神戶到基隆，一等艙六十五圓、二等艙四十五圓、三等艙二十圓	《臺灣之交通》，一九二五年版大阪商船會社的蓬萊丸、扶桑丸、笠戶丸；近海郵船會社的信濃丸、備後丸、因幡丸

一九二五	船費（日台航線）	日本橫濱到高雄，二等艙七十圓、三等艙三十二圓 日本長崎到基隆，二等艙三十七圓、三等艙十八圓	《臺灣之交通》，一九二五年版 桃園丸、青海丸、湖南丸
一九二五	船費（島內沿岸線）	基隆到花蓮港，一等艙十六圓、二等艙九圓、三等艙五．五圓 基隆到高雄（走東海岸），一等艙三十一圓、二等艙十八圓、三等艙十．五圓	《臺灣之交通》，一九二五年版 長春丸、撫順丸
一九二五	船費（南中國線）	基隆到廈門，一等艙十八圓、二等艙十二圓、三等艙六圓	《臺灣之交通》，一九二五年版 天草丸、開城丸
一九二五	船費（南中國線）	基隆到福州，一等艙十八圓、二等艙十二圓、三等艙六圓	《臺灣之交通》，一九二五年版 溫州丸
一九二五	船費（南中國線）	基隆到汕頭，一等艙三十六圓、二等艙二十四圓、三等十二圓 基隆到香港，一等艙五十四圓、二等艙三十六圓、三等艙十八圓	《臺灣之交通》，一九二五年版 天草丸、開城丸
一九二五	船費（南洋線）	基隆到菲律賓馬尼拉，一等艙八十一圓、三等艙二十七圓 基隆到馬來西亞山打根，一等艙九十九圓、三等艙三十三圓 基隆到印尼雅加達，一等艙一百五十三圓、三等艙五十一圓	《臺灣之交通》，一九二五年版
一九二五	船費（南洋線）	基隆到印尼泗水，一等艙一百八十圓、三等艙六十圓 基隆到泰國曼谷，一等艙一百五十圓、三等艙五十圓 基隆到新加坡，一等艙一百八十六圓、三等艙六十二圓	《臺灣之交通》，一九二五年版 貴州丸、武昌丸
一九二五	森永牛奶糖	五錢、十錢	《臺灣日日新報》1002
一九二五	台北地價	城內本町、榮町等一等地，最高一坪一百五十圓 二等地約一百圓；三等地大和町附近，約七十圓	《臺灣日日新報》0821 新聞

一九二五	台北地價	大稻埕方面，永樂町三丁目附近，最高一坪兩百圓 二等地及太平町附近，每坪一百五十圓 台北橋附近最便宜，每坪二十~三十圓	《臺灣日日新報》0821 新聞
	台北地價	大正町至御成町，一等地每坪七十圓 二等地五十~六十圓，三等地三十圓	
一九二六	椪柑一百斤	上等十二圓、下等八圓	《臺灣日日新報》0115
	白蘿蔔一百斤	兩圓五十錢	
一九二六	竹筍一百斤	上等二十四圓、下等七圓	《臺灣日日新報》0115
	紅甘薯一百斤	上等四圓	
一九二六	台北市地價（每坪）	榮町一等地一百三十~一百八十圓、本町一百~一百五十圓、京町一百~一百三十圓、若竹町二十~五十圓、南門二十五~三十五圓、萬華三十~五十圓、東門文化村十二~十五圓、錦町十~十五圓、永樂町一百~一百五十、一百六十圓、太平町五十~一百圓	《臺灣日日新報》0602（夕刊）
一九二六	台北東門游泳池入場費	十二歲以上一次十錢、三十次兩圓五十錢、五十次四圓，六歲以上均半價	《臺灣日日新報》0702
一九二六	蓋房子	三層樓房一萬五千圓	《臺灣日日新報》0701
一九二六	高雄搭船到中國東北的大連	一等六十圓、三等二十五圓	《臺灣日日新報》0703（夕刊）此回減價，之前一等為一百零二圓，三等為三十四圓；船為兩千六百噸
一九二七	大東信託專務（總經理）月薪、交際費	一百五十、八十圓	林獻堂著，許雪姬等註解，《灌園先生日記（一）》，中研院臺史所、近史所，頁八八
	大東信託僱員	二十四圓	

一九二七	基隆經神戶到東京船費 留學	學生價十七圓三角 東京帝國美術學校學費一學期三十幾圓、外租房子三十圓	《中縣口述歷史》第四輯，台中縣立文化中心，頁二八～二九
一九二七	卡車（一噸）	無起動器（スターター），一千兩百四十圓；附起動器，一千三百九十圓	《臺灣日日新報》0423（六版）
一九二八	建築費（兩層洋樓）	一萬圓	《宮前町九十番地》（十週年紀念版），頁八六
一九二八	腳踏車	霸王號一百四十一圓；宣傳號九十七圓	《臺灣日日新報》0127
一九二八	看摩托車與單車競賽	一圓、七十錢、三十錢三種	《臺灣日日新報》1128（夕刊）台北圓山舉行
一九二九	雪佛蘭汽車（大阪進口一九二九年型）	兩千四百九十五圓、敞篷型一千九百一十五圓	《臺灣日日新報》0108
一九二九	兒童學生鞋	兩圓二十錢	《臺灣日日新報》0121
一九二九	啤酒屋啤酒 香蕉市場女工一日工資	二十五錢 三角多	鍾逸人，《辛酸六十年》，前衛，頁四二
一九二〇年代	鴉片一錢 竹山郡警察（巡查）月薪	四角四錢 十八圓	《中縣口述歷史》第四輯，台中縣立文化中心，頁一四四
一九三〇	職業婦女薪資	電話交換生初任每日五十～七十錢；護士初任第一年每日五十錢，第二年每日七十錢；採茶女平均每日四角上下；台北巴士女車掌初任每日一圓、基隆者月薪十六圓；小學女教師初任四十圓上下	《臺灣民報》0101、0118、0208
一九三〇	豪門喪葬費（高雄陳家陳中和之喪）	十二萬圓	《臺灣日日新報》1011 新聞：包含墓地費用；新聞報導「墓址則用舊式。四圍栽花菓樹木洋樓池沼」

一九三〇前後	棒球裝備	球棒三圓；手套一個四、五圓；釘鞋一雙兩、三圓	《嘉農口述歷史》，國立嘉義農業專科學校校友會，頁一一四
一九三一	生字簿	一本五錢	作者收藏品 此價一直到一九三九年未變
一九三一	草屯信用合作社職員月薪	二十一．六～五十四圓	《臺灣新民報》0718
一九三一	女車掌月薪	台籍十五圓，日籍二十一圓、二十八圓	《臺灣新民報》0711
一九三一	豬肉（新竹東門市場）	一斤三角	《臺灣新民報》0718
一九三一	旅館（萬華火車站前萬華旅館）	一泊二食一圓五角	《臺灣新民報》0418
一九三一	公共汽車	台中到烏日十八錢、到王田二十五錢、到彰化三十錢；豐原到石岡十五錢	李資深，《臺灣案內》，頁二四四～二四五
一九三一	牙膏 牙刷	十五、二十五、三十二、五十錢四種 二十二、二十六、二十八錢三種	《臺灣齒科月報》八月號
一九三二	瓦斯爐（自動式）	九圓三十錢	《臺灣日日新報》0502
一九三二	幼稚園（艋舺幼稚園）入園	入園費一圓，每月保育費兩圓	《臺灣日日新報》0307（夕刊）
一九三二	黃土水雕塑	綿羊、山羊雕塑一個二十五圓	《臺灣日日新報》0205（夕刊）
一九三二	金山溫泉公共浴場入場費	五錢	《臺灣日日新報》0330新聞：之前免費，四月一日起開始收費
一九三三	森永牛奶巧克力	五錢、十錢	《臺灣日日新報》1129
一九三三	鋼琴（三木牌）	一百五十圓	《臺灣日日新報》1118
一九三三	資生堂肥皂一個	十錢	《臺灣日日新報》1115
一九三三	化妝品	化妝水四十錢；口紅三十五錢；眉墨三十五錢；白粉五十錢	《臺灣日日新報》12月

一九三二	唱機（Augon牌）	三十八、四十五、七十五、一百五十圓	《臺灣日日新報》1215
一九三二	刮鬍刀片	一片七十錢	《臺灣日日新報》1119
一九三二	日記本	二十錢	《臺灣日日新報》1130
一九三二	香蕉	一斤兩分錢	李末子，《空谷足音》，李路加等，頁一〇九～一一〇
	學校福利社售貨員月薪	六圓	
一九三二	登山袋	大人用，三圓五十錢起；中學生用，一圓九十圓起；少年用，七十錢起	《臺灣日日新報》1203
一九三二	生石炭	一百斤六十錢	《新民報》0213（四版）
一九三二	熟炭	一百斤一圓十錢	《新民報》0213（四版）
一九三二	新民報報費	一個月一圓	《新民報》0402（一版）
一九三二	看病藥費	大人兩天份四角、小孩兩天份兩角半	《新民報》0305（四版）
一九三二	到舞廳跳舞（台北「羽衣會館」）	白天跳舞券十張一圓，夜間跳舞券十張一圓五十錢；隨行女伴免費	《臺灣日日新報》1108（夕刊）
一九三二	新年紀念照相	小判一組一圓、合判一組一圓六十錢、中判一組兩圓六十錢、大中判一組兩圓九十錢、八切一組四圓五十錢、四切一組九圓	《臺灣日日新報》1231 台北市京町勝山寫真館；到府拍攝與來店同價
一九三三	中華料理桌菜	半桌七～十二圓、一桌十～十六圓	《臺灣日日新報》1231
	中華料理火鍋	一圓、兩圓、三圓三種	台北西門市場內「來來軒」
一九三三	龍角散	四日份三十錢、四十日份兩圓	《臺灣日日新報》0401
一九三三	刮鬍刀片	一包十片兩圓二十錢、一包五片一圓十錢	《臺灣日日新報》0815 吉列牌（Gillette）
一九三三	唱片（哥倫比亞牌）	一張八十錢	《臺灣日日新報》0622
一九三三	高爾夫球一打	九圓	《臺灣日日新報》0905

一九三三	泳衣（美津濃牌）	練習用八十錢、中學生用一圓、高等學校和大學用一圓四十錢、最高級用一圓九十錢	《臺灣日日新報》0622
一九三三	水牛（屏東坊山）	一頭七十五圓	《臺灣日日新報》0621
一九三三	語言學習	滿洲話三個月講習會，每月三圓	《臺灣日日新報》0610
一九三三	看表演	台北「榮座」一、二等統一價五十錢	
一九三三	汽油（一加侖）	台北、新竹、台中、台南、高雄（不包括恆春地方）各州四十五錢 澎湖四十六錢；恆春四十七錢；花蓮四十八錢；台東五十錢	《臺灣自動車界》昭和九年三卷一號
一九三三	明治製菓奶油夾心酥	九十五片一圓五十錢	《臺灣日日新報》1217
一九三三	明治製菓羊羹	四條裝八十五錢	《臺灣日日新報》1217
一九三三	新竹市營游泳池入場券	一回券，十二歲以上，五錢；未滿十二歲，三錢 三十回券，十二歲以上，一圓；十二歲以下，五十錢	《臺灣日日新報》0606新聞
一九三四	花王肥皂	三個三十錢	《臺灣日日新報》0704
一九三四	資生堂肥皂	半打九十錢	《臺灣日日新報》0705
一九三四	看電影	三十錢	《臺灣日日新報》0701 萬華「芳明館」
一九三四	地圖	「台北市街圖」五十錢	《臺灣日日新報》0701
一九三四	漫畫書（長篇繪本）	三十五錢	《臺灣日日新報》0712
一九三四	汽車（福特V-8型）	三千五百五十～三千七百七十五圓	《臺灣日日新報》0701
一九三四	聽演講	五十錢	《臺灣日日新報》0707
一九三四	登山袋	小學生用一圓起、中學生用兩圓五十錢起、高級品六圓五十錢起	
一九三四	露營帳篷	兩人用七圓五十錢起	《臺灣日日新報》0711

一九三四	嬰兒推車	十圓	《臺灣日日新報》0328 向大阪阪急百貨郵購
	嬰兒學步車	三圓	
	紳士皮鞋	六～十二圓	
	領帶	毛料一圓、絹料一圓五十錢	
	鋼筆	一號金筆一圓五十錢	
	雨傘	小學生用二十二吋九十錢、一圓；女學生用二十三吋一圓、一圓二十錢；中學生用二十五吋一圓九十錢、兩圓四十錢	
	旅行包（內有牙膏、牙刷、毛巾、香皂）	七十錢	
一九三四	公共汽車	高雄市內統一價十錢；台北市內均一價八錢；台東到大武兩圓五十錢	《臺灣鐵道旅行案內》
	鴉片	軟管裝五公克六十錢、十五公克一圓七十錢	
	計程車	台北市內均一價五十錢	
	船票	基隆到神戶一等六十五圓、二等四十五圓、和室二等三十二圓、乙二等二十八圓、三等二十圓 高雄到馬尼拉一等六十九圓、三等二十三圓	
	泡湯	草山（陽明山）溫泉「眾樂園」入場費大人二十錢、小孩十錢 北投溫泉入場費同前，單純入浴大人五錢、小孩三錢	
一九三四	土產	原住民刀四圓五十錢～四十五圓；原住民衣服三圓～四十圓	
一九三四	雞蛋捲	一盒一圓二十錢	《臺灣婦人界》，昭和九年十二月號，頁一五二；台北名店寶香齋產品
一九三四	豬肉乾、豬肉脯	一盒一～五圓	
一九三四	鳳梨罐頭	二十錢	《臺南市商工案內》
一九三四	台南土產國姓爺饅頭	一個一錢	

一九三四	大稻埕店租	六十圓（兩層樓，一樓連亭仔腳共三十六．六坪，蔣渭水大安醫院舊址）	高騰蛟、盧世祥，《做餅的人生》，遠流，頁三三
一九三四	工藝社畫看板月薪	三十五圓	李末子，《空谷足音》，李路加等，頁一一二
一九三四	漢和大字典	一圓八十錢	《臺灣日日新報》0402
一九三四	火車臥鋪	上段八十錢，中段、下段均為一圓五十錢	《臺灣日日新報》0318
一九三四	文官帽	六圓五十錢	《臺灣日日新報》0627
一九三四	豆腐	一丁五錢（一丁為日本的豆腐單位，大小未定，各地不同，大約三百五十公克上下）	《臺灣日日新報》0502
一九三五	奶瓶	二十錢	山川岩吉，《臺灣大觀》，臺灣大觀社
一九三五	泡湯	關仔嶺溫泉入浴料特等一日三十錢、一回十錢；上等一日十五錢、一回五錢；次等一日五錢、一回兩錢	《躍進臺灣記念博》
	公共汽車	新竹市內均一價五錢	
	洋式大旅館	「鐵道旅館」歐式客房一人一日三圓起、美式客房附餐一人一日十圓起	
一九三五	蓄音器（哥倫比亞牌留聲機）	三十五、四十五、五十五、六十、八十圓	《臺灣日日新報》0717
一九三五	臺灣博覽會	普通入場券二十錢，軍人、學生、六到十二歲學童十錢	《臺灣博覽會會誌》
一九三五	豆腐	一丁四錢	《臺灣日日新報》0127（二版）廣告：台北市豆腐同業協定共同漲價
	炸豆腐	一塊三錢	
一九三五	碼頭代提行李	從基隆港提至基隆火車站，一個行李二十～三十錢不等；從高雄港提至高雄火車站，一個行李二十～三十錢不等	《台灣の旅》，頁一〇
	火車站代提行李	提至車內，一個行李五～十錢不等	

一九三五	高雄市西子灣海水浴場入場費	大人十錢，小孩五錢	《臺灣日日新報》0521新聞：五月二十日起，改此新價
一九三五	人力車搭乘費用（高雄市）	全市分七區，每區十錢。經過兩區，即收二十錢	《臺灣日日新報》0928新聞：十月十日起實施
一九三五	大東信託株式會社台北支店長月薪	一百零六圓	林獻堂，許雪姬等註解，《灌園日記（八）》，中研院臺史所、近史所，頁三五五
一九三六	聘金	新娘女學校畢業者兩、三千圓，公學校畢業者七、八百圓	《臺灣婦人界》昭和十一年八、九月號
一九三六	飛機票	（東部線）台北到宜蘭七圓、台北到花蓮十八圓、宜蘭到花蓮十二圓 （西部線）台北到台中十圓、台北到高雄二十二圓、台中到高雄十三圓	大竹文輔，《臺灣航空發達史》，頁四三三
一九三六	電話費	申辦登記費十五圓、移機工程費三十圓、每月基本費九圓 台北打到淡水十五錢、到宜蘭新竹三十五錢、到台中彰化六十錢、到台南九十錢、到屏東一圓	《電話帖—臺北州下各局》
一九三六	山葉鋼琴	平型一千六百圓、直立式一千圓	《臺灣教育》
	山葉風琴	兩百圓	
一九三六	絲襪	五十錢～一圓五十錢	《臺灣婦人界》，昭和十一年十一月號，頁九五
一九三六	雨傘	一圓、兩圓	《臺灣婦人界》，昭和十一年十一月號，頁九六
一九三六	洋傘	三圓、十圓	
一九三六	新娘禮服	頭紗和飾花十五～七十圓；絹質長禮服四十～一百五十圓 鞋十五圓～二十圓；白絹手套五、六圓	《臺灣婦人界》，昭和十一年十一月號，頁九四
一九三六	新娘化妝	十五圓	《臺灣婦人界》，昭和十一年十一月號，頁九七

一九三六	新郎禮服	日本製Morning coat一百圓（上衣六十五圓、長褲三十五圓） 舶來Morning coat一百五十圓（上衣九十圓、長褲六十圓）	《臺灣婦人界》，昭和十一年十一月號，頁九四
一九三六	啤酒	一瓶五十錢	《臺灣婦人界》，昭和十一年十一月號，頁一〇二
	汽水	一瓶二十五錢	
一九三六	婚宴酒席（台北蓬萊閣）	一桌二十～五十圓	《臺灣婦人界》，昭和十一年十一月號，頁一〇三
一九三六	照相機	十七圓、二十八圓	《臺灣婦人界》，昭和十一年十一月號，頁一四二
一九三六	手帕	五十錢～六圓	《臺灣婦人界》，昭和十一年十一月號，頁一四一
	咖啡杯	六個二～五圓	
	杯子	六個五十錢～一圓	
一九三六	北京語教師薪資	月薪一百圓（台北高等商業學校中華民國籍教師王德欽）	臺灣總督府職員名錄系統
一九三六～一九三九期間	十六吋唱片一張	三圓半	許雪姬訪問、曾金蘭記錄，《藍敏先生訪問紀錄》，頁三四
一九三七	女性新聞記者月薪	最高一百圓、最低二十圓	《臺灣婦人界》，昭和十三年新年號 台北市內的調查
	女性打字員	七十圓～二十八圓	
	喫茶店女服務生	四十圓～八圓	
	Café女給	兩百圓～十五圓	
	看護婦（女護士）	一百五十圓～十圓	
	巴士車掌小姐	四十五圓～二十七圓	
	百貨店女店員	五十圓～十二圓	
	電台女播報員	七十圓～三十圓	

一九三七	紙箱製造女工	二十圓～七圓	《臺灣婦人界》，昭和十三年新年號 台北市內的調查
	煙草工廠女工	四十圓～十二圓	
	製茶女工	二十五圓～八圓	
	傭人（養女身分者）	二十圓～兩圓	
	女醫師	三百圓～五十圓	
	洗衣婦	十圓～五十錢	
	女按摩師	一百圓～二十圓	
	保險女業務員	九十圓～十圓	
	產婆	兩百五十圓～五圓	
	聲樂女教師	一百四十圓～十五圓	
	裁縫業	一百二十圓～十圓	
	女司機	七十圓～四十圓	
	舞者	三百圓～二十圓	
	女鋼琴師	一百圓～十圓	
一九三七	牧師月給	五十圓	黃武東，《黃武東回憶錄》，前衛，頁一九
一九三七	地圖	三十萬分之一「全島圖」兩圓、「台北市全圖」一圓	《臺北近郊》
	租車	台北市到陽明山二十人座單程七圓、往返十三圓 台北市到北投分別為四圓、七圓	
	公共汽車	台北到五股二十五錢、台北到新莊三十九錢、淡水到金山九十九錢、新店到木柵十五錢、新店到石碇四十七錢、新店到古亭二十錢、板橋到三峽二十八錢、板橋到土城九錢	

一九三七	火車	萬華到古亭五錢、到公館八錢、到景美十三錢、到大坪林十六錢、到新店二十錢	臺北近郊
一九三七	飛機票	台北到台中十圓、台中到台南十圓、台北到台南二十圓	大竹文輔，《臺灣航空發達史》，頁四四一
一九三七	演唱舞蹈會	八十錢（部分商店票售七十錢）	《臺南新報》0106
一九三七	鋼琴、風琴（三木牌）	風琴二十八圓起，小型鋼琴一百五十圓 立型鋼琴三百五十圓起，平台型鋼琴九百五十圓起	《臺南新報》0107
一九三七	打高爾夫球（嘉義高爾夫球場）	入會費五十圓、月會費四圓	林璽堅著，李添興編，《躍進嘉義近郊大觀》，臺灣新民報
一九三七	當高爾夫球桿弟（嘉義高爾夫球場）	九洞十五錢	
一九三八	寄平信	二十公克以下四錢	《臺灣婦人界》，昭和十三年六月號
	寄明信片	兩錢	
	拍電報	十五字以內三十錢	
	寄航空信	到日本、朝鮮、大連三十錢；到滿洲國三十五錢	
一九三八	雞蛋（台南）	一角五、六顆	蔡廷棟先生口述
一九三八	香菸	「隼」一包十二支十四錢	《臺灣日日新報》0515
一九三八	英語教師薪資	月薪兩百二十五圓 （台北高等商業學校美國籍教師 George H. Kerr）	臺灣總督府職員名錄系統 George H. Kerr 即葛超智，一九三九年月薪調高為兩百七十五圓
一九三八	荷蘭語教師薪資	月薪五百圓（台北高等商業學校荷蘭籍教師）	臺灣總督府職員名錄系統
	臺北帝國大學醫學教授薪資	年薪九百九十圓（杜聰明）	

一九三八	看魔術（知名魔術師天勝率團演出）	一等三圓；二等兩圓；三等一圓	《臺灣日日新報》0315（七版）廣告
一九三九	滷蛋（台北）	一顆五錢	方治，《我生之旅》，三民，頁三五
一九三九	森永牛奶糖	大盒十錢、小盒五錢	《臺灣日日新報》0514
一九三九	咖啡	七十錢	《臺灣婦人界》，昭和十四年
	三明治	七十錢	明治製菓廣告
一九三九	雜誌	月刊《台灣婦人界》四十錢	《臺灣婦人界》，昭和十四年
	火車臥鋪	一等七圓；二等上鋪三圓、下鋪四圓五十錢 三等上鋪八十錢、中下鋪一圓五十錢	
一九三九	房屋租金	台北三層樓房月租五十圓	陳逸松（口述）、林忠勝（撰述），《陳逸松回憶錄》，前衛，頁二二〇
一九三九	公學校三年級國語課本	一本十六錢	作者收藏品
一九三〇年代	湯油麵	三錢，加肉五錢	周耀銓先生口述
	看電影	八錢（大稻埕「第三世界」戲院的無聲「活動寫真」）	
一九三〇年代	叫菜外送	五碗三圓	周耀銓先生口述：台北小型餐館有「五碗三圓」的賣法，菜色如白斬雞、炸豬肉、松茸肚片湯等，叫五種菜，均一價三圓。在一般觀念，如此叫菜已屬豐盛
一九三〇年代	保甲事務所小使（雜役）月薪	十三～十五圓	葉春榮，《陳春木紀念文集》，台南縣文化局，頁七
一九三〇年代	耳鼻咽喉科診療費	台南日本醫生五角 台南台灣醫生三角	楊蓮生，《診療祕話六十年》，元氣齋，頁七七
一九四〇	生字簿	一本七錢	作者收藏品

一九四〇	看電影	大眾席六十錢，別席九十錢	《臺灣日日新報》1025 台北電影院「芳乃館」放映日本片
一九四〇	看電影	八十錢、一圓二十錢（兒童半價）	《臺灣日日新報》1025 台北電影院「臺劇」放映日本片
一九四〇	北京語教師薪資	年薪一千八百圓（台北高等商業學校中華民國籍教師徐征）	臺灣總督府職員名錄系統
一九四〇	維他命（理研）	一個月量（六十顆）兩圓；三個月量（一百八十顆）五圓半 六個月量（三百六十顆）十圓	《臺灣日日新報》1012（夕刊）
一九四〇	稻穀三千斤	一百八十圓	約佃農耕地一甲之地租
一九四〇	動物園入園費	大人十錢、小孩五錢	《臺北市政二十年史》
一九四一	稻穀	一百斤五圓	《陳逸松回憶錄》頁二六七
	田地	上等好田一甲兩千七百圓	
一九四一	燒牙齒做假牙機器	三、四千圓	《中縣口述歷史》第二輯，台中縣立文化中心，頁三一
一九四一	公學校五年級國語課本	二十錢	作者收藏品。此價到一九四三年未變
一九四二	看電影	松竹電影公司直營「臺灣劇場」樓下八十錢（內含稅十錢） 樓上一圓二十錢（內含稅二十四錢）	《臺灣日日新報》0313 看日本電影
一九四二	面速力達母	二十五、四十五、九十錢	《臺灣日日新報》0314
一九四二	雜誌	《青少年之友》四十錢、《日本少女》五十錢、《幼稚園》五十錢	《臺灣日日新報》0314 「小學館」發行
一九四二	公務員月薪	氣象台技術官，台灣人四十圓、日本人五十圓	《臺灣日日新報》0310
一九四二	止痛藥	七包三十錢、十三包五十錢、二十八包一圓	《臺灣日日新報》0309
一九四二	眼藥水	二十五錢、四十五錢	《臺灣日日新報》0313
	高單位女性賀爾蒙	三圓、五圓	

一九四二	剪頭髮（新莊郡）	大人五十錢、小孩四十錢	《興南新聞》1031（三版）
	理平頭（新莊郡）	大人四十錢、小孩三十錢	
	修臉（新莊郡）	三十錢	
一九四二	搭公車（從台北火車站出發）	到蘆洲二十五錢、到古亭十錢、到公館十五錢、到景美二十五錢、到新店三十錢、到天母三十錢、到圓山十錢、到士林十五錢、到五股四十錢、到新莊六十錢、到三峽六十錢、到板橋二十錢	臺灣乘合自動車運賃表
	搭公車（台中市內）	一律十錢	
	搭公車（台南市內）	一律十錢	
	搭公車（高雄市內）	一律十錢	
	搭公車（基隆市內）	一律十二錢	
	搭公車（基隆地區）	基隆到瑞芳火車站四十錢、基隆到九份七十五錢、基隆到金瓜石一圓	
	搭公車（從淡水出發）	到水梘頭二十五錢、到北新庄子四十五錢、到老梅八十五錢、到石門九十五錢、到金山一圓四十錢	
	搭公車（宜蘭地區）	宜蘭到礁溪二十錢、宜蘭到頭圍三十五錢、宜蘭到羅東二十五錢、宜蘭到三星四十五錢、羅東到冬山十五錢、羅東到蘇澳三十錢、羅東到南方澳四十五錢、羅東到三星三十五錢	
	搭公車（桃竹苗地區）	桃園到大溪四十五錢、桃園到大園四十五錢、桃園到南崁二十五錢、中壢火車站到新屋四十五錢、大溪到鶯歌四十五錢、大溪到龍潭四十五錢、竹東到內灣四十五錢、新屋到楊梅三十錢、苗栗到大湖七十錢、大湖到卓蘭六十五錢、新竹到竹東四十錢、新竹到南寮二十錢、新竹到新埔四十錢、新竹到香山火車站前二十五錢、新竹到竹南六十五錢、新竹火車站前到城隍廟前十錢、新竹火車站前到頭份五十錢	

一九四二	搭公車（中彰投地區）	台中到大坑二十五錢、台中到埔里一圓八五錢、台中到清水五十五錢、台中到沙鹿五十錢、豐原到大雅二十五錢、豐原到后里二十五錢、豐原到月眉三十五錢、豐原到大甲五十五錢、沙鹿到龍井五十錢、彰化到草屯七十錢、彰化到鹿港三十五錢、彰化到二林八十五錢、埔里到霧社九十錢	臺灣乘合自動車運賃表
	搭公車（雲林地區）	西螺到虎尾五十錢、西螺到莿桐二十五錢、西螺到斗南五十五錢、西螺到斗六五十錢（路線不同，也有五十五錢、六十錢者）、西螺到麥寮八十錢、斗六到林內二十五錢、斗南到斗六二十錢、斗南到虎尾二十五錢	
	搭公車（嘉義地區）	嘉義到北港五十五錢、嘉義到白河四十五錢、嘉義到朴子六十錢、嘉義到鹽水八十五錢	
	搭公車（台南地區）	台南到安平二十錢、台南到麻豆七十五錢、麻豆到新營五十五錢、鹽水到學甲四十五錢、鹽水到後壁四十五錢、佳里到北門四十五錢、新營火車站前到鹽水二十五錢、學甲到林鳳營五十五錢、後壁到關子嶺六十五錢	
	搭公車（高屏地區）	岡山到後勁六十錢、岡山到左營六十錢、旗山到六龜九十錢、旗山到楠梓九十錢、旗山到甲仙一圓十錢、旗山到里港四十五錢、鳳山到苓雅寮二十錢、鳳山到高雄州廳前二十五錢、屏東到大津九十五錢、屏東到東港六十五錢、潮州到林邊五十五錢（路線不同，也有七十錢者）	
	搭公車（花東地區）	花蓮到太魯閣八十錢、花蓮到新城六十五錢、台東到知本六十錢、台東到知本溫泉七十錢、台東到卑南十錢	
一九四三	臺北州台籍消防員月俸	四十圓	蕭富隆編，《走過兩個時代的公務員》，國史館臺灣文獻館，頁六九

一九四三	國小代課老師月薪	四十二圓	張守真、葉石濤，《葉石濤先生訪問紀錄》，高雄市文獻委員會，頁五五
一九四三	短篇小說稿費	二十圓	楊蓮生，《診療祕話六十年》，元氣齋，頁四六
一九四三	看新聞時事電影（臺北市公會堂，即今中山堂）	十錢	
一九四三	稿紙五千張（印有名字）	四十三圓	呂赫若著，鍾瑞芳譯，《呂赫若日記》，印刻，頁三八四
一九四三	平信郵費（新竹寄往台北）	五錢	陳振能家族所藏信件
一九四四	草魚	一斤八圓	林獻堂著，許雪姬等註解，《灌園先生日記（十六）》，中研院臺史所、近史所，頁二七八
一九四〇～一九四五	喫茶店吐司麵包（附美乃滋、果醬）	十五錢	陳玉璞先生口述
一九四〇～一九四五	杏仁茶加油條（早餐外食）	三錢（杏仁茶兩錢、油條一錢）	蔡廷棟先生口述
一九四〇～一九四五	肉圓三、四十個	三十錢	謝雙鳳女士口述
一九四五	鳳山到高雄公車車資	三十錢	

說明：

（一）來源與備註欄內的數字，如「《臺灣日日新報》0309」，指該報「三月九日」，以此類推。

（二）經採訪多位九十幾歲先生發現，表上除交通、書報與薪資外，從《臺灣日日新報》和《臺灣婦人界》所採集的民生用品價格，應為日本人的物價水準，普遍略高於台灣人印象中的價格。

（三）資料來源中之蔡廷棟生於一九一九年，周耀銓生於一九二六年，陳玉璞生於一九二七年。

參考資料

大園市藏編，《臺灣人物誌》，一九一六，谷澤書店。
王永慶，《王永慶把脈台灣》，臺灣日報社，一九九七。
余陳月瑛，《余陳月瑛回憶錄》，時報，一九九六。
岩崎潔治編，《臺灣實業家名鑑》，臺灣雜誌社，一九一三。
林獻堂著，許雪姬等註解，《灌園先生日記（五）》，中研院臺史所、近史所，二〇〇〇。
相賀徹夫編，《万有百科大事典（13）生活》，小學館，一九七五。
高松壽口述、章君穀執筆，《過庭錄》，一九七一。
張榮發，《張榮發自傳》，一九九九。
符宏仁主持、梁明昌協同主持，《臺北市市定古蹟撫臺街洋樓調查研究》，青揚國際工程顧問有限公司，二〇〇一。
黃進興，《半世紀的奮鬥》，允晨，一九九〇。
葉春榮，《左鎮歷史圖像》，台南縣文化局，二〇〇五。
葉榮鐘編，《林獻堂先生紀念集》，林獻堂先生紀念集編纂委員會，一九六〇。
廖鎮誠，《日治時期臺灣近代建築設備發展之研究》（桃園：中原大學建築學研究所，二〇〇七）。
臺灣總督府鐵道部編，《臺灣鐵道史》，一九一〇。
蔡培火等，《臺灣民族運動史》，自立晚報社，一九七一。

鄭秋霜，《大家的國際牌：洪建全的事業志業》，國際電化商品，二〇〇六。
蕭富隆編，《走過兩個時代的公務員》，國史館台灣文獻館，二〇〇六。
《陳江章先生紀念集》，東南文化基金會，一九九九。
《創業の逸品：日本の食文化を彩る嚴選88品》，生活情報センター，二〇〇四。
《臺北市政府衛生局舊址調查研究》，李乾朗計畫主持，臺北市立性病防治所，一九九九。
《臺灣日日新報》，一八九八～一九四四
《中央日報》全文影像資料庫
臺灣日治時期統計資料庫　http://tcsd.lib.ntu.edu.tw
鳥人の足跡　http://www.ne.jp/asahi/aikokuki/aikokuki-top/ASmith/Index.html
Encyclopedia Titanica　http://www.encyclopedia-titanica.org/
KAGOME　http://www.kagome.co.jp

圖片來源

F.G.O. Stuart（一八四三～一九二三）拍攝（一九一二〇四一〇）：157上
余洪達提供：33
李淑玉家族提供：324
秋惠文庫提供：76、133

《臺灣日日寫真畫報》（一九一六～一九一七）：44、69下、214下、237、239

《臺灣列紳傳》（一九一六）：49、75、99

《臺灣自動車界》（一九三六）：176上、177、178、181上、229

《臺灣建築會誌》：256

《臺灣時報》（一九二一）：174

《臺灣消防》：189、191

《臺灣神社寫真帖》（一九三一）：164上

《臺灣國立公園寫真集》（一九三九）：285上

《臺灣婦人界》：269

《臺灣教育》：86、153下

《臺灣實業家名鑑》（一九一三）：338

《臺灣銀行四十年誌》（一九三九）：226上、295、296

《臺灣銀行記念寫真帖》（一九一九）：223、298下

《臺灣總督府博物館創立三十年記念論文集》（一九三九）：88上

《臺灣鐵道史》（一九一〇）：84、85、89

《臺灣體育史》（一九三三）：238

《樂園臺灣の姿》（一九三六）：164下

《頭圍信用購買販賣利用組合創立二十周年誌》（一九三九）：28、29

《鐵道要覽》（一九一五）：129

註：相關圖片除個人提供與拍攝外，均翻拍自中央圖書館台灣分館藏書。

人人身上都是一個時代
全新增訂版

作　　者　陳柔縉
責任編輯　林如峰
國際版權　巫維珍　蔡傳宜
行　　銷　艾青荷　黃家瑜　蘇莞婷
業　　務　李再星　陳玫潾　陳美燕　枡幸君
主　　編　蔡錦豐
編輯總監　劉麗真
總 經 理　陳逸瑛
發 行 人　涂玉雲

出　　版
麥田出版
台北市中山區104民生東路二段141號5樓
電話：(02) 2-2500-7696　傳真：(02) 2500-1966
網站：http://www.ryefield.com.tw

發　　行
英屬蓋曼群島商家庭傳媒股份有限公司城邦分公司
地址：10483台北市民生東路二段141號11樓
網址：http://www.cite.com.tw
客服專線：(02)2500-7718; 2500-7719
24小時傳真專線：(02)2500-1990; 2500-1991
服務時間：週一至週五09:30-12:00; 13:30-17:00
劃撥帳號：19863813　戶名：書虫股份有限公司
讀者服務信箱：service@readingclub.com.tw

香港發行所
城邦（香港）出版集團有限公司
地址：香港灣仔駱克道193號東超商業中心1樓
電話：+852-2508-6231　傳真：+852-2578-9337
電郵：hkcite@biznetvigator.com

馬新發行所
城邦（馬新）出版集團【Cite(M) Sdn. Bhd. (458372U)】
地址：41, Jalan Radin Anum, Bandar Baru Sri Petaling,
57000 Kuala Lumpur, Malaysia.
電話：+603-9057-8822　傳真：+603-9057-6622
電郵：cite@cite.com.my

人人身上都是一個時代（全新增訂版）
／陳柔縉著. －初版. －臺北市：麥田出版：
家庭傳媒城邦分公司發行，2016.10
　面；　公分
ISBN　978-986-344-381-0（平裝）
1.臺灣傳記 2.日治時期
783.318　　　　　　105016737

封面設計　廖韡
印　　刷　漾格科技股份有限公司
初版一刷　2016年10月
初版六刷　2022年7月
定　　價　新台幣420元
I S B N　978-986-344-381-0
Printed in Taiwan